Sich finden

Über die Kunst, sich selbst und einander zu finden.
Novelle in Szenen und Akten.

Über den Inhalt:
Das Leben am Land fernab aller Klischees. In den Hauptrollen ein Bauer und eine Tierärztin im Kampf mit sich selbst und den Elementen. Es ist mehr als eine Liebesgeschichte, eher eine Art spiritueller Roman, der in der Alltagswelt sowie im Hier und Jetzt verankert ist. Schließlich geht es um nicht weniger, als zu sich selbst und schließlich zueinander zu finden. Eine Romanze mit Bodenhaftung in doppeltem Sinn.

Über den Autor:
Stefan Maurer bewirtschaftet mit seiner Familie einen Bergbauernhof in den Alpen. Daneben arbeitet er seit mehr als 20 Jahren als Redakteur für eine Monatszeitschrift. „Sich finden" ist sein erster Versuch, Lesern die Natur nicht über belegbare Fakten, sondern emotional näher zu bringen.

Über die Illustratorin:
Veronika Grünschachner-Berger ist praktizierende Wildbiologin und beschäftigt sich dabei besonders mit den Arten in den Gebirgslebensräumen. Daneben widmet sie sich der bildenden Künste. Sie zeichnet für die im Buch verwendeten Illustrationen verantwortlich.

Nichts vom Geschriebenen hat sich jemals genau so zugetragen. Die handelnden Personen sind frei erfunden. Ich lade dich aber ein, dich in den Wesenszügen der Charaktere wiederzufinden.

Gewidmet allem, was mein Leben bereichert hat.

Stefan Maurer, Kulm am Zirbitz, Winter 2019

Impressum:
Text und Layout: Stefan Maurer
Illustrationen: Veronika Grünschachner-Berger
Lektorat: Helga Tost

Selbstverlag, Neumarkt in der Steiermark, Österreich
1. Auflage, Jänner 2019
Kontakt: info@sich-finden.com
Nähere Infos: www.sich-finden.com

Druck und Bindung: Christian Theiss GmbH,
St. Stefan im Lavanttal

ISBN: 978-3-200-06112-5

Alle Rechte vorbehalten – insbesondere das Recht der Vervielfältigung, der Verbreitung, der Übersetzung, der Digitalisierung und der Nutzung. Das Werk einschließlich aller seiner Teile ist urheberrechtlich geschützt und darf ohne Zustimmung nicht (auch nicht auszugsweise) verwendet werden.

„Der Planet braucht keine
erfolgreichen Menschen mehr.
Der Planet braucht dringend Friedensstifter,
Heiler, Erneuerer, Geschichtenerzähler
und Liebende aller Art."
Dalai Lama

Erster Akt

Würde der Vogel sein Lied still für sich selbst singen,
statt es laut in die frische Frühlingsluft hinauszuposaunen?

Anna wirft einen flüchtigen Blick in den Rückspiegel ihres Wagens. Eine Haarsträhne fällt von links in ihr Gesicht, ganz so, wie sie es an sich selber mag. Abgespannt sieht sie aus, aber das hat seine Gründe. Alles in allem ist sie zufrieden – und immerhin bei der Arbeit, da muss man nicht ausschauen wie aus dem Ei gepellt. Aus einem Augenwinkel nimmt sie an ihrem Spiegelbild wahr, wie ein zartes Lächeln über ihre Lippen huscht. Im Radio läuft gerade ein Lied, das in ihr Sehnsüchte erwachen lässt: „I wanna know what love is, I want you to show me ..."

Wie eine Droge saugt sie das Gefühl des Verlangens in sich auf und singt in voller Lautstärke mit, schließt sogar zwischendurch die Augen, um „In my life ..." auch wirklich mit voller Inbrunst herausschreien zu können. Allmählich kommt es, und dann ist es fast da: dieses Gefühl der Geborgenheit, das Gefühl, uneingeschränkt von jemandem geliebt zu werden.

Längst ist das Lied aus und der Flash von Gefühlen wieder in sich zusammengebrochen. Eine viel zu grelle Stimme will ihr irgendetwas Wichtiges mit auf den Weg geben, aber sie kann sich nicht darauf konzentrieren. Ist auch egal. Ein kurzer Blick in den Rückspiegel zeigt ihr, was sie ohnedies schon weiß: Ihre Wangen und Augen sind gerötet, von Tränen aber ist nichts zu sehen. Also sammelt sie sich wieder, es liegen noch zehn Minuten Fahrt vor ihr.

Paul sieht einem Bergfinken zu, der zuoberst auf einem der unzähligen kleinen Höcker des Misthaufens vor sich hinträllert. Ihn wundert das, weil diese Vögel sonst meist nur in kleinen Gruppen zu ihm kommen und jetzt, zu Beginn des Frühlings, längst wieder verschwunden sind. Aus irgendeinem Grund hat sich dieser kleine Finkenhahn aber offenbar bei ihm häuslich niedergelassen und seinen Balzplatz gefunden, denn das hartnäckige gesangliche Markieren des von ihm augenscheinlich gewählten Hauptquartieres ist nicht zu überhören oder -sehen. Selbst als ihm Paul mit dem Radlader Schaufel um Schaufel näherkommt und die notwendige Abtragung der Balzarena als Bedrohung sichtbar werden muss, hält der kleine Kämpfer tapfer an seinem Vorhaben fest.

Der Kipper ist inzwischen mit Kuhmist beladen. Paul stellt den Motor ab und lauscht: Nichts zu hören. Die letzten ein, zwei Kilometer ist das wie ein Rauschen anmutende Geräusch sich nähernder Fahrzeuge nämlich schon zu vernehmen. So weit dringt es zu ihm herauf auf seinen Bauernhof. Er erwartet jeden Moment, dass Anna bei ihm ankommen und nach dem schwächelnden neugeborenen Kalb sehen wird. Irgendwie freut er sich immer, wenn sie zu ihm kommt, aber so wird es wohl allen Standesgenossen seines Geschlechts ergehen, wenn sie von einer attraktiven, freundlichen Frau besten Alters aufgesucht werden, denkt er weiter.

Die Fuhre ist abgeladen und der Radlader wieder in Betrieb. Abermals rückt er dem Bergfinkenmännchen mit dem bunten Gefieder Kubikmeter um Kubikmeter näher, als ein allradgetriebener Kombi etwas zu schnell um die Ecke biegt, anhält und von einer zarten Wolke Straßenstaub eingehüllt wird. Wie in einem gut inszenierten Werbespot steigt sie aus, stellt sich breitbeinig und mit den Armen in die Hüften gestemmt neben dem Wagen hin, während die Staubwolke sich langsam verzieht. Sie sieht zum Anbeißen aus.

„Sie wird sicher tausendmal am Tag blöd angebaggert", kommt es Paul unweigerlich in den Sinn, als er Anna so stehen sieht. Irgendwie würde er ihr gerne zu verstehen geben, dass sie ihm sympathisch ist, sehr sogar. Nicht, dass er etwas von ihr wollte, aber ihre Erscheinung löst ein Wohlgefühl in ihm aus. Wäre sie ein Hund, würde er ihr lobend über den Kopf streichen, sie anerkennend tätscheln. Aber unter Menschen mittleren Alters ist das gesellschaftlich nicht anerkannt. Selbst verbale Streicheleinheiten würden mit Sicherheit zu peinlichen Missverständnissen führen, was Paul nicht riskieren will. Er mag sie ja wirklich und kann sich gut vorstellen, wie sie Tag für Tag die mehr oder weniger plumpen Annäherungsversuche alternder Agrarökonomen ertragen muss oder abzuwehren hat. Also tritt er ihr distanziert höflich, aber freundlich gegenüber und erklärt ihr den Sachverhalt.

„Er hat fast etwas Heldenhaftes an sich", denkt Anna, als sie Paul im Gegenlicht auf sich zukommen sieht. Sein Flanellhemd, die Arbeitshandschuhe und sein nachlässiges Äußeres erinnern sie an Filme, in denen der grobschlächtige Kerl die Welt und vor allem das Mädchen retten wird. Der Held, der sich nimmt, was er will, und dem schlussendlich alles und jede zu Füßen liegt. Doch sie ist nicht im Film und er ist kein Held. Und vor allem tut er nichts, was ihr zeigen würde, dass er sich auch nur im Geringsten für sie interessiert.

Überall sonst, wo sie hinkommt, hat sie den Eindruck, von den Männern schon inbrünstig erwartet zu werden. Egal, ob vergeben oder nicht, fast jeder macht sie unverhohlen an. Die meisten unterwürfig, wie kastrierte Dackel, und ganz offensichtlich. Sie hasst das, meistens zumindest. Manchmal genießt sie es auch, wie diese hormongesteuerten Schwachköpfe vor ihr herumschwänzeln und ihr den Hof machen. Und dann gibt es die Macho-Typen, die nicht mehr als ein großes Maul haben und so lange Oberwasser behalten, bis man sie emotional ins Messer laufen lässt. Diese Kampfhunde getrauen sich nur zu bellen, solange sie an der Kette liegen. Sobald sie frei sind und Gelegenheit zum Zubeißen haben, krümmen sie den Rücken und ziehen winselnd den Schwanz ein. Am meisten verabscheut sie aber diese alten geilen Böcke mit ihrem von Irrsinn zeugenden Blick. Wie Schafwidder verdrehen sie die Augen, ziehen die Oberlippe hoch, um zu flehmen. Und so charmant wie Böcke suchen sie mit ihren Grapschhänden Körperkontakt, den sie meist unter Berührungen, die wie zufällig wirken sollen, zu finden hoffen. „Wie mit Schafwiddern wird es mit denen wohl auch sein", mutmaßt Anna. „Plumpe Annäherung, Deckakt, dann weiterfressen oder zumindest ein, zwei Bier." Ach – wie ekelt es sie!

Nur er reagiert nicht auf sie. Paul scheint sie zu ignorieren. Er ist zwar höflich, respektvoll, ja sogar freundlich, aber statt ihr die Hand zum Gruß zu reichen, findet es dieser grobe Klotz nicht einmal der Mühe wert, sich für sie die stinkenden Arbeitshandschuhe auszuziehen und lässt es mit einem lieblosen „Hey" bewenden. Das ärgert sie, das verunsichert sie. Doch ihn darauf anzusprechen und vielleicht zu vergrämen, davor fürchtet sie sich, denn irgendwie mag sie ihn. Also erwidert sie betont gelangweilt und gespielt unbeteiligt seinen kargen Gruß, bespricht das Fachliche und wendet sich der Versorgung ihres Patienten zu.

Ein wenig bereut es Paul jetzt, dass er Anna wieder hat fahren lassen, ohne wenigstens in irgendeiner Art nett zu ihr gewesen zu sein. Vielleicht hätte er das Gespräch auf den kommenden Frühling lenken sollen, wo alles so voller Lebenslust den Neustart in einen neuen Zyklus wagt. Und sie, als gelernte Veterinärin, muss wohl auch ein Gespür für alles Lebendige haben, das sich so unerschrocken jeder neuen Herausforderung stellt.
Gedankenversunken bedient Paul erneut seine Maschine und grübelt weiter darüber nach, wie sich wohl ein Vogel an seiner Stelle verhalten hätte? Würde der taktisch agieren und Desinteresse vortäuschen, statt sich aktiv zu engagieren? Würde der sein Lied still für sich selbst singen, statt es laut in die frische Frühlingsluft hinauszuposaunen? Würde ein Vogel sich Gedanken über die Konsequenzen des aktiven Werbens machen, dessen Ausgang allemal offen ist?
Das ist es nämlich, was Paul so lähmt. Farbe zu bekennen, würde auf zwei mögliche Szenarien hinauslaufen. Ablehnung wäre die eine, nicht unbekannte Möglichkeit, mit der man als Mensch tagtäglich zu leben hat. Dass man zwar Klarheit hat, aber doch irgendwie enttäuscht und bekümmert dasteht, weil man verloren hat, nicht Erster geworden ist. Die zweite Variante wäre folgenreicher. Angenommen, sie ließe sich auf ihn ein, würde seine Sympathiebezeugung erwidern, ihm ein Lächeln schenken, ihn einladen weiterzugehen – wohin sollte das führen? Zu einer Affäre mit scheußlicher Trennung und Hass? Zu etwas Fixem, Dauerndem, zu Nähe und Kraft?

Mit dem Rest seiner jugendlichen Eleganz hantelt sich Paul in die Kabine des Zugfahrzeugs und schüttelt seine absurden Phantasien ab, die ihm soeben durch den Kopf gegangen sind. „Wenn sie das wüsste", schmunzelt er über sich selbst und belässt es dabei, weil er sich ohnehin auf etwas anderes konzentrieren muss. Aber er nimmt sich vor, Anna gegenüber etwas offener zu sein.

Es ist schon spät und der noch kurze Tag neigt sich dem Ende zu. Geschützt durch den halb transparenten Store am Küchenfenster beobachtet Anna, wie zwei Sperlinge sich am Mauersims necken. Sie muss schmunzeln, während sie den Salat für sich und Ernst abschmeckt. Er mag es würzig und scharf, ähnlich wie sie selbst. Die Sperlinge flattern immer noch vor ihrer Scheibe, als sie ihn kommen hört. Jetzt macht er sich noch frisch, währenddessen serviert sie das Essen im Wohnzimmer und schaltet den Fernseher ein. Wortkarg geht er an ihr vorüber, setzt sich zu Tisch und stochert im sauren Grün. Anna blickt gemeinsam mit ihm gedankenverloren auf den Bildschirm und denkt an den Tag zurück: „Heute hat er mir zum Abschied die Hand gereicht, vielleicht eine Spur länger als angemessen." Ein Leuchten funkelt in ihren Augen nach diesem Triumph.

„Zu wenig gesalzen", murmelt ihr Gegenüber am Tisch. Doch sie hört gar nicht hin. Für den Moment ist Anna zufrieden und sonnt sich in diesem Gefühl.

Zweiter Akt

Blüten für die Frau in ihrer Blüte?
Das passt doch ...

Dass es jetzt wieder länger hell ist, belebt und ermüdet Pauls Geister gleichermaßen. Auf der einen Seite spürt er, wie in ihm ganz so wie in der Natur draußen neuer Lebenswille Raum greift. Irgendetwas in ihm spornt ihn an, auch an diesem erneuten geschäftigen Treiben teilhaben zu wollen. Auf der anderen Seite ist er es nicht gewohnt, dass es länger hell bleibt und der Arbeitstag im Freien damit nicht so früh enden will wie im Herbst und Winter, wo das Tagwerk nicht selten durch das Untergehen der Sonne jäh beendet und man selbst zur Untätigkeit in der eigenen Stube verdonnert wird. Deshalb hat er in den letzten Monaten Kondition abgebaut, die nun mühsam wieder erarbeitet werden muss.

Wenn er jetzt zum Vieh in den Stall geht, ist es fast völlig hell und das Gezwitscher der Vögel erfüllt die Luft. Im Winter ist es um diese Zeit noch stockdunkel und man kann Sterne, Sternbilder und gar nicht so selten auch Sternschnuppen sehen – zumindest wenn nicht das Schneelicht zu stark ist oder der Mond gerade scheint. Doch jetzt spürt man förmlich den Willen des neuen Tages, aus dem Vollen zu schöpfen.

Das Vieh ist noch ruhig, da vom Vortag Futter übriggeblieben ist. Paul erntet die Kräuter und Gräser auf seinen Wiesen selbst, konserviert sie für den Winter und kann sie so auch außerhalb der natürlichen Wachstumsphasen an seine Tiere verfüttern. Doch nicht alle Pflanzengesellschaften sind bei diesen in gleicher Weise beliebt. Manche frisst das Vieh gierig in sich hinein, wogegen es andere weniger schätzt, wie das heute der Fall ist. Es muss eine Portion von einer seiner Feuchtwiesen gewesen sein, wie er selbst auch beim konservierten Futter am süßlichen Geruch erkennt. Hier frisst das Vieh nur, um den ärgsten Hunger zu stillen, den Rest gabelt Paul als Einstreu in den Stall, der wird so zu Kompost.

Es ist finster im Raum, weil der blickdichte Vorhang den Schein der Straßenlaternen abhalten soll. Anna hat aber dennoch das Gefühl, dass es bereits zu dämmern beginnt. Sie schaltet den

Wecker aus, der sie sonst in wenigen Minuten aus dem Schlaf gerüttelt hätte, geht in den Nebenraum und macht sich frisch. Eigentlich hätte sie sich den Wecker für heute nicht stellen und auch nicht so zeitig aufstehen müssen. Es ist Samstag, die Praxis ist geschlossen und sie hat nicht wirklich viel vor. Sie muss nur erreichbar sein, da sie dieses Wochenende turnusmäßig für den tierärztlichen Bereitschaftsdienst eingeteilt ist. Erfahrungsgemäß tut sich hier aber wenig, wenn es sich nicht um echte Notfälle dreht. Ihre meist sparsamen Kunden scheuen sich vor dem Wochenendzuschlag auf ihr Honorar.

Anna ist voller Tatendrang, sie weiß nur nicht wirklich, zu welche Taten es sie drängt. Eine Runde mit dem Fahrrad vielleicht, das verstaubt seit dem Herbst im Keller steht? Das ginge sich aus und sie wäre zurück, bevor sich Ernst aus der Horizontalen erhebt. So leise wie möglich kramt sie ihre Sportsachen hervor und kleidet sich an. Bevor sie durch die Tür tritt, verharrt sie jedoch noch einen Moment und geht zu ihrem Bücherregal. Hinter einem dicken alten Wälzer bewahrt sie Karten auf, die sie gerne in Beziehungssachen befragt. Sie mischt diese, schließt die Augen, stellt eine Frage und fächert sie auf. Dann zieht sie die eine, die ganz offenbar gezogen werden will, heute die des geflügelten Wesens namens Mystique, welches ihr rät: „Schreite beschwingt voran und akzeptiere kein ‚Geht nicht!'. Rechne mit wunderbaren Lösungen."

„Geht nicht, gibt's nicht", freut sich Anna, sieht den Rat als Bestätigung für ihren Entschluss, geht durch die Tür und radelt los.

Die vorübergehende Unruhe im Stall, die durch die Vorfreude auf das frische Futter entsteht, ist weitgehend abgeebbt. Jedes Rind hat sich einen Platz an der Tafel gesucht und schlingt die vorgelegten Pflanzenteile in sich hinein, um sie später noch einmal in Ruhe wiederzukäuen. Doch nicht alle hier interessieren sich heute ausschließlich für die Fütterung. Das zaghafte Brummen des Stieres und das Verhalten einer Kuh deuten darauf hin, dass diese brünstig ist.

„Bist auch in Frühlingsstimmung?", raunt Paul ihm zu. Doch der Stier ignoriert ihn und hat anderes im Sinn. Die nächsten ein, zwei Tage wird er hinter dieser Einen her sein, die ihn gerade betört. Nach neun Monaten Trächtigkeit, ganz gleich wie beim Menschen, kommt dann der Nachwuchs zur Welt – und wenige Wochen später beginnt das alles von vorne.

Paul geht ins Haus, schlürft seinen etwas zu heiß geratenen Milchkaffee und überlegt, was er angesichts der eigenen Frühlingsstimmung tun kann. Er schaltet den Computer ein und sieht nach, was die Welt draußen für ihn so zu bieten hat. Doch was dort zum Markt getragen wird, ist kultur- und geschmacklos, es ödet ihn an. Jetzt fällt auch das Wi-Fi aus, weil das bei ihm heroben nur bedingt empfangsfähig ist. Aber das, was er zu finden hofft, braucht er dort ohnehin nicht zu suchen.

Da das Wasser aus dem Duschkopf so laut auf sie niederprasselt, hat Anna die Anwesenheit von Ernst gar nicht bemerkt. Sie muss ihn aufgeweckt haben, als sie vorhin verschwitzt neben ihm nach frischen Sachen gesucht hat. Er schaut verkatert aus, nuckelt an einem Mineralwasser und schaut ihr zu.

„Hallo, ich wollte dich nicht wecken."

„Schon okay."

„Wolltest du auch gerade duschen?"

„Eigentlich nicht, aber ..." Ernst kommt die Einladung gelegen und er nähert sich.

„Guten Morgen noch einmal", haucht er ihr jetzt von hinten ins Ohr und beginnt, ihren Nacken mit Küssen zu bedecken, während er mit seinen gepflegten Händen über ihre Schultern streicht. Sie fühlen sich so weich und zart an. Gar nicht so, wie man es von einem Mann seiner Statur erwarten würde.

„Weiche Schale, harter Kern", kommt es Anna unweigerlich in den Sinn. Doch sie verbannt den Gedanken sofort wieder, um ihm nicht Unrecht zu tun. Er ist ja ein netter Kerl, der so wie sie auch einen Platz im Leben finden will. Was sie unterscheidet, ist nur der Weg dorthin. Während sie sich dabei häufig nach innen

wendet, zählt für ihn vor allem, was man sehen und herzeigen kann.
Ernst liebkost Annas Hals immer noch mit seinen Lippen und seift ihrer beider Oberkörper mit einem Duschgel ein. Nun dreht Anna sich um und erwidert seine Zärtlichkeit, bis sie ein unangenehmes Geräusch aus ihrer Andacht reißt.
„Entschuldige bitte, Bereitschaft." Anna trocknet sich rasch behelfsmäßig ab und greift zum Telefon. Auf der anderen Seite der Leitung bittet sie eine aufgebracht und ein wenig verwirrt klingende Stimme, umgehend zu kommen.
„Ich muss kurz weg, tut mir leid."
„Kein Problem." Doch Anna weiß, dass das gelogen ist. Und die ihr von den Karten angekündigte „wunderbare Lösung" war das mit Sicherheit nicht.

Mit einem Eimer und einem Gabelspaten bewaffnet macht sich Paul auf den Weg, um auf der Koppel hinter dem Stall für Ordnung zu sorgen. Hier sind das Braun und Grau des Winters nun schon fast ganz einem leuchtenden Grün gewichen, das jetzt unaufhörlich aus dem Boden schießt. Doch nicht alles Grün ist Paul gleichermaßen willkommen, auch seinen Tieren nicht. Manches, das dort um jeden Preis wachsen will, taugt nichts als Futter und breitet sich aus, wogegen er vorgehen muss. Am besten funktioniert das, indem man das Unkraut sprichwörtlich mit der Wurzel ausreißt, wofür Paul den Gabelspaten braucht. Was er hier bekämpft, hat nämlich eine oder mehrere Wurzeln, die nicht selten fingerdick sind und armlang in den Boden reichen. Jetzt, im Jugendstadium, sind die Pflanzen bereits leicht zu erkennen. Für Erntearbeiten ist es noch zu früh, also ist nun dafür die ideale Zeit.
Nach ein paar Eimern voller Wurzeln stehen Paul die Schweißperlen auf der Stirn, sein Rücken schmerzt. „Im Schweiße deines Angesichts sollst du dein Brot verdienen", dazu wurde die Menschheit einst verdammt. In Momenten wie diesem fällt ihm das immer wieder aufs Neue ein.

Natürlich gäbe es auch andere Wege, um gegen unerwünschten Bewuchs vorzugehen, doch für Paul kommen die nicht in Frage. Erstens wirtschaftet er bewusst und absichtlich ökologisch, dabei ist der Einsatz von Pflanzenschutzmitteln nicht erlaubt. Und zweitens hält er persönlich nicht viel von Gifteinsatz, weil so ein Gießkannenprinzip unfair und wenig selektiv ist. Er entscheidet lieber von Mal zu Mal, wo er Messer, Säge oder Spaten ansetzt – oder es bleiben lässt.

„Für heute reicht es", beschließt er nun, deponiert die restlichen Wurzeln auf einem Haufen, damit er sie später aufladen und in einen steilen Graben schütten kann, wo sie selbst nicht weiterwachsen, dafür aber zu Humus zerfallen werden.

Als sich Paul nach einem Kontrollgang entlang des Waldsaums am Feldrand dem Haus nähert, nimmt er eine weibliche Gestalt wahr, die an der Gartenmauer lehnt und den Kopf seines Hundes krault.

„Meine Verehrung, Frau Doktor! Und du bist mir ein schöner Wachhund, hättest schon bellen können, statt gleich auf Kuscheltier zu machen", spöttelt er in Richtung der beiden Damen hin.

„Ich tu euch nichts, sie weiß das. Dein Hund hat eine gute Menschenkenntnis", scherzt Anna zurück. „Ich war gerade bei deinem Nachbarn, da hab ich mir gedacht, ich bring dir die Formulare für die behördlichen Untersuchungen gleich selbst vorbei."

„Nett von dir. Ich hab auch etwas für dich." Mit diesen Worten überreicht ihr Paul einen kleinen Strauß, den er vorhin für sich gepflückt hat: drei Zweiglein mit rotblühenden Lärchenzäpfchen und zwei dunkelblaue Blüten vom Stängellosen Enzian.

„Danke vielmals, wie komme ich dazu?"

„Blüten für die Frau in ihrer Blüte? Das passt doch", entgegnet Paul und bereut schon, was er von sich gegeben hat. Er fühlt sich ertappt und spürt, wie seine Wangen glühend heiß werden, etwas, das ihm lange nicht mehr passiert ist.

Auch Anna lässt nicht ganz kalt, was hier gerade geschieht. Sie fühlt sich angenommen und innerlich berührt. Es fällt ihr auch auf, wie peinlich Paul die Situation gerade ist, obwohl es gar keinen Grund dafür gibt. Spontan umarmt sie ihn: „Das weiß

ich zu schätzen, ehrlich." Fast hätte sie sich hinreißen lassen und seine Wange behutsam mit ihren Lippen berührt, doch dann besinnt sie sich und flüstert ihm stattdessen fast tonlos ins Ohr: „Bist ein ganz Lieber. Ich danke dir."
Paul steht wie angewurzelt da, krault den Kopf des Hundes ganz unbewusst und irritiert, während sie einsteigt und losfährt. Er lässt seinen Blick hinter ihr her- und ins Tal hinunterschweifen. So plötzlich, wie sie aufgetaucht ist, ist sie nun wieder verschwunden – seine paar Blüten mit im Gepäck.
„Was bitte war das jetzt?", beschimpft Anna sich selbst, als sie die Schotterstraße nun talwärts fährt. „Ich glaub das nicht", schüttelt sie den Kopf und schmunzelt in sich hinein. Zur Ablenkung dreht sie das Radio lauter, das vertraute Klänge ausspuckt: „... now as I look into your eyes, well I wonder if it's wise to hold you like I've wanted to before ... next time I fall in love, I'll know better what to do ..."
„Gar nichts weiß ich. Wozu auch. Ich hab ja, ich bin ja – oder etwa nicht ...?"

Voller Elan mistet Anna Unterlagen und abgelaufene Medikamente in ihrer Ordination aus, da Ernst – wir erwartet – nach ihrem abrupten Aufbruch selbst auch das Weite gesucht hat. Dann holt sie abermals ihr Fahrrad und fährt erneut eine Runde, aber nur eine kleine, denn es ist ihr zu heiß. Außerdem kann sie sich nicht so recht dem Treten und Fahren hingeben, weil sie in ihren Gedanken ganz woanders ist. Also tut sie endlich, was sie schon die ganze Zeit tun wollte. Sie öffnet die Wohnungstür und greift nochmals nach der Karte, die sie am Morgen für sich gezogen hat, um noch einmal genau zu lesen, was da bei der Interpretation wirklich steht. Und nun, nach dem zuvor Erlebten, ergibt das dort Offenbarte für sie einen ganz anderen Sinn.

Dritter Akt

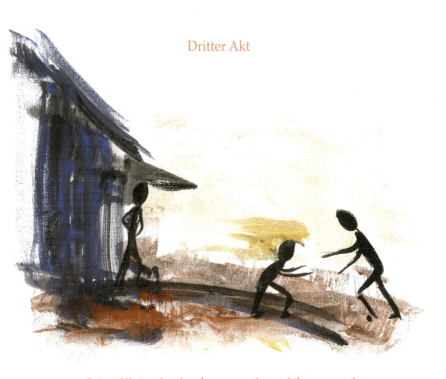

Seine Kleine läuft schnurstracks auf ihn zu und
klammert sich an ihn, als ob er ihr Kuscheltier wäre.

Ernst schnarcht so laut, dass Anna nicht weiterschlafen kann. Außerdem dringt durch das geöffnete Fenster frische Frühsommerluft. Sie steht auf und trinkt lauwarmen Tee. Am Tablet scrollt sie sich durch die Banalitäten vom vergangenen Tag, hat aber keine Lust, darauf einzugehen. Sie klickt auf ihre Guter-Rat-für-den-Tag-App und liest: „Du bist ein durch und durch liebenswertes Wesen. Lass nicht zu, dass du selbst dich für weniger hältst!"
„Kann sein", raunt sie wortlos zu sich selbst, bevor ihr Tausende Abers etwas anderes weismachen wollen.
Sie duscht sich und schwemmt ab, was sich abschwemmen lässt. „Liebenswertes Wesen", intoniert sie innerlich immer und immer wieder, doch die Gedanken schweifen Mal für Mal ab und lassen nicht zu, dass sie sich daran wirklich festmachen kann. Später sortiert sie die eingehenden Nachrichten und legt sich den Tagesplan zurecht. Alles Routine, keine echte Herausforderung ist bis jetzt in Sicht.

Schlaftrunken brüht Ernst seinen Kaffee, sein Kopf schmerzt. Wenn sie Tee trinkt, muss er diese banale Aufgabe nämlich selbst erledigen. Er hasst das so früh am Morgen, aber was soll's, sie ist schon weg. Niemand ist da, auf den er seinen Unmut abladen kann. Nebenher sieht er die neuen Nachrichten durch. Einer seiner Freunde hat auf einer Männerseite ein Video geteilt, reflexartig muss er lauthals lachen. Kommentar darunter. Kommentar zurück. Wieder lacht er inbrünstig auf.
Der Blick in den Spiegel zeigt nicht genau das, was er sich erhofft hat. Doch er zwinkert sich selber zu: „Wird sicher ein geiler Tag heute!" Hinter ihm fällt die Tür klackend ins Schloss.

Dienstbeflissen kläfft Franny um die Ecke, als sie Paul hinter sich wahrnimmt und die Katze vor sich weiß. Lobend tätschelt der seiner Hündin die Seite, und nur wenige Schritte entfernt

beobachtet die soeben noch Gejagte die beiden anderen. Er macht sich ja nichts aus Katzen, aber seiner Tochter liegt die da am Herzen und deshalb gezwungenermaßen ein wenig jetzt auch ihm. Später wird er sie von der Schule abholen und sie wird übers Wochenende bei ihm bleiben. Paul freut sich schon.
Die tägliche Arbeit jetzt im Frühsommer erledigt sich deutlich schneller als im Winter, wenn das Vieh gänzlich auf die Fütterung angewiesen ist. Nun kann Paul alles ein wenig ruhiger angehen. Er lehnt sich an einen Zaunpfahl und lässt seine Blicke kreisen. Noch hat ihn keines der Rinder erspäht. Hof und Stall interessieren sie auch nicht, jetzt, wo sie nach Belieben selbst grasen und auf der Weide dösen können. Auf der anderen Seite des Hofes sind die Schafe auf einer Koppel. Franny läuft einen Scheinangriff, aber die wolligen Mitbewohner lassen sich nicht beeindrucken – man kennt sich. Wie zum Protest nässt der Hund. Auch Paul drückt der morgendliche Milchkaffee auf die Blase. Leise plätschert es vor ihm ins taunasse Gras, während er die Lage inspiziert. Eines der Schafe muss sich schon wieder an der Rinde des erst vor wenigen Jahren gepflanzten Birnbaumes vergriffen haben, was Paul ein paar derbe Flüche entlockt. Er macht einen Satz über den Zaun, greift sich eine Handvoll Mist und bestreicht die frische Wunde am Stamm mit dem stinkenden Braun. Dann wischt er die Hände im feuchten Gras ab und flucht erneut, ganz so, als ob die Schafe sich davon einschüchtern ließen. Doch Paul hilft es, seinem Ärger Luft zu machen, irgendwie erleichtert es ihn.
Am Weg zurück zum Haus pirscht sich die Katze von hinten an. „Ja, gleich", tröstet er sie und den Hund, der die Katze – wie auch unter rivalisierenden Geschwistern üblich – in die Schranken weist. Dann gibt es für beide etwas aus derselben Dose.

Das Auto macht abrupt einen Schlenker. Annas Wasserflasche war vom Beifahrersitz gekullert und sie hat sich während der Fahrt nach unten strecken müssen, um sie zu erreichen. Beim Öffnen zischt die Kohlensäure, und sie nimmt einen Schluck.

Ein Termin noch am Vormittag, dann ist vorübergehend einmal Pause.
Vor der Stalltür wartet schon Fritz, ein schüchterner Typ etwa in ihrem Alter. Er teilt das Los vieler Jungbauern in ähnlicher Situation: wohnt bei den Eltern, schlechte Ausbildung, fehlendes Selbstvertrauen. Sehr unwahrscheinlich, dass der jemals eine Frau finden wird. Und Anna weiß natürlich, dass sie auf seiner Wunschliste weit oben steht – aber wohl unerreichbar hoch oben.
„Hey Fritz, wie geht's immer so?", begrüßt sie ihn. Seine Verlegenheit und Unsicherheit bestätigen ihr, was sie ohnehin weiß. Er ist in sich gefangen und findet keinen Weg heraus. Manchmal kann sie in solchen Situationen nicht anders, als ein kleines Spielchen zu spielen. Anna kann sich gut vorstellen, wie sie in knappen Jeans und Shirt auf Männer wirkt und wie diese aus den Augenwinkeln zu ihr herüberschielen, wenn sie aus den Turnschuhen schlüpft, dicke Socken überstreift und Fuß für Fuß in die fast kniehohen Arbeitsstiefel steigt. Sie weiß, dass sie in der Blüte ihrer Jahre ist, und sie versteht sich gut darauf, vor anderen zu erblühen. Heute aber empfindet sie eher Mitleid mit dem Kerl, gibt sich mütterlich fürsorglich und klärt damit die für beide unangenehme Lage.
Fritz wählt das Sperma des für die Kuh passenden Stiers, dann bringt er Anna in den Stall. Routiniert führt sie das Röhrchen ein und deponiert den Inhalt in der Gebärmutter. Eine Angelegenheit von keiner Minute, wenn alles klaglos funktioniert.
„Ich bin eine Blüte", geistert es Anna dabei wieder durch den Kopf, „längst keine Knospe mehr." „Ich genieße es zu blühen, zu betören und Köpfe zu verdrehen", denkt sie weiter und lächelt dabei gewinnend, aber so, dass Fritz es nicht sehen kann. „Doch Blüten sind die Vorstufe zur Frucht, die wachsen und reifen will. Sie sind nicht das Ziel", vernimmt sie von einer inneren Stimme. Aber davon will sie heute nichts wissen, verabschiedet sich und brettert los.

Fast zu langsam für die aktuelle Verkehrslage rollt Pauls Wagen durch den Ort. Später parkt er vor einem Baumarkt mit bescheidenem Inventar und Angebot. Auch Kunden sieht er keine. Freundlich, aber bestimmt bestellt er Drahtgeflecht zum Schutz seiner Bäume, das, wie erwartet, nicht lagernd ist. Interesse vorgebend, erkundigt sich der Bedienstete nach dem Wofür und Warum, und man diskutiert die Situation. Paul klagt sein Leid, sein Mühen und Plagen, das mit dem Hochbringen von Bäumen zu tun hat. Im Hofbereich ist es das Vieh, das an den Stämmen und Zweigen beißt und nagt, das mit den Körpern daran scheuert und alles zunichte macht. Im Wald sind es Hirsch und Reh, die es auf seine Pflanzen abgesehen haben, denn Pflanzenfresser fressen nun einmal Pflanzen. Fast scheint es jedoch so, als ob sie besonders auf jene scharf wären, die auch Paul am Herzen liegen, nämlich die vitalen, kräftigen und seltenen. Es schmerzt ihn richtiggehend, wenn er mitansehen muss, wie Ziegen, Schafe oder Rinder sich sichtlich genussvoll an den von ihm gehegten Schätzen zu schaffen machen, sie totbeißen, niedertreten, ein für alle Mal ruinieren. Nur massive Zäune bieten da gedeihlichen Schutz, solange diese intakt sind und nicht ihrerseits vermodern oder unter dem Druck der Paarhufer zugrunde gehen.

Die Schule endet erst in einigen Minuten, es ist also noch etwas Zeit. Paul krault den Kopf der Hündin neben sich im Wagen. „Jetzt holen wir die Resa", erklärt er ihr. Sie winselt, scheint zu verstehen. „Freust dich auch schon, brav ..."
Er parkt den Wagen am Hauptplatz und schlendert am Gemeindeamt vorbei zum Geldautomaten. Schon von weitem hört er das schallende Gelächter von Ernst, der rauchend an der Hauswand lehnt und sich angeregt mit jungen Damen unterhält. „Urlauber", denkt Paul und schüttelt den Kopf. Es ist ihm völlig unverständlich, was „sie" bei ihm hält. Am Rückweg steht sie dann sogar bei ihm, kaut an einem Snack. Auch wenn er Anna seit ihrem letzten Besuch nicht mehr gesehen hat, nickt er nur stumm, um zu grüßen. Sie tut es ihm gleich.

Jetzt ist es so weit: Die Schule ist aus. Die Klassenlehrerin scheint mit Sabine ein nur oberflächliches Gespräch zu führen, doch sie reagiert kaum auf Pauls Erscheinen. Seine Verflossene blickt ihn über die Schulter hinweg an. Sie wirkt zusehends fremder auf ihn, obwohl sich ihr Äußeres bemerkenswert hält. Doch irgendwie passt das, was er sieht, nicht ganz zu dem Bild, das er von ihr mit sich trägt. Ein Umstand, der ihm schon öfter bewusst geworden ist. Wenn man jemanden kennt, nimmt man ihn anders wahr als das, was die genaue Betrachtung der Gesichtszüge eigentlich zeigt. Erklären kann Paul sich das nicht wirklich, denn entweder würde das bedeuten, dass er sich selbst etwas vormacht und „blind" für manches Detail ist oder aber, dass einem vertraute Gesichter mehr zeigen, als handfest und greifbar ist.
Nun unterbrechen die beiden Frauen das Gespräch und Sabine küsst ihn wie eine gute Bekannte auf die Wange. Paul hält nichts von diesem Ritual. Entweder man küsst sich oder man grüßt sich. Sie weiß das – oder hat es zumindest einmal gewusst. Doch als er sie nun anblickt, gleicht ihr Antlitz wieder mehr dem, was er einmal in ihr zu sehen geglaubt hat. Nur das Verlangen, ihr wirklich nahe zu sein, stellt sich nicht ein. Es ist vielmehr ein kameradschaftliches Gefühl nach all dem, was man gemeinsam in zahlreichen Jahren erlebt, gefunden und verloren hat.
Im Rucksack seien die Sachen von Theresa für die nächsten Tage, erklärt sie. Es folgen Anweisungen und Ratschläge, was zu tun und zu lassen sei, um das Wohl der gemeinsamen Tochter zu garantieren. Paul hört die Worte akustisch ganz genau, er bemüht sich auch, ihnen zu folgen, doch der Gesamtinhalt des Redeschwalls bleibt ihm dennoch verborgen.
„Also, wann soll ich sie dann wieder bei dir abgeben?", versichert sich Paul.
„Hab ich doch gerade gesagt! Am Montag kurz vor 8 Uhr in der Schule. Später hol ich sie ab", kontert Sabine offenkundig genervt. Dann küsst sie ihn nicht auf die Wange, verabschiedet

sich nur und geht. Sie hat irgendetwas vor, ist vermutlich irgendwohin unterwegs ...
Nun, endlich! Theresa läuft schnurstracks auf ihn zu und klammert sich an ihn, als ob er ihr Kuscheltier wäre.
„Ich hab noch eine kleine Überraschung für dich", holt Paul seine Kleine wieder in die Wirklichkeit zurück. „Wir nehmen auf der Heimfahrt ein Ferkel mit."
„Darf ich es aussuchen?"
„Von mir aus, wenn der Sepp nichts dagegen hat."
„Und einen Namen geben?"
„Wenn du willst. Aber du weißt, was mit dem Ferkel später passiert?"
„Wenn es groß ist, landet es in unserer Wurst. Würstel? Darf ich es Würstel nennen?"

Vierter Akt

Nach einigem Hin und Her trinkt das Lamm dann ganz offensichtlich die ersten Schlucke seines Lebens.

Jetzt, so kurz vor Beginn der Sommerferien, kommt Theresa häufiger zu Paul zu Besuch. Manchmal bleibt sie über Nacht, gelegentlich aber auch nur für Stunden, wie es heute vorgesehen ist. Der Kleinen fehlen die Tiere zum Spielen, obwohl „spielen" es nicht so wirklich trifft. Es geht einfach um die Beschäftigung mit ihnen, zu sehen, wie sie auf das eigene Verhalten reagieren. An erster Stelle stehen da ganz klar Hund und Katze, die sich am ehesten auf wirkliche Interaktion mit dem menschlichen Gegenüber einlassen. Sie können auch am besten einschätzen, was sie von diesem zu halten haben.

Dankbar sind auch die Hühner, die auf begrenztem Raum leben, täglich Körner und Wasser brauchen. Allein schon das Befüllen der Behälter, das absichtliche und unabsichtliche Verschütten-Dürfen des Inhalts im Stallbereich fasziniert ein Kind. Und dann noch die Eier, die so verlockend warm, frisch und sauber im Nest liegen, mit denen man mit Sorgfalt hantieren muss, damit sie nicht zu Bruch gehen – das alles hat seinen Reiz. Respekt ist bei den größeren Tieren am Hof angesagt – und auch angebracht. Aber es gibt auch einige wirklich handzahme Schafe, Ziegen und Rinder, was die tägliche Arbeit mit ihnen durchaus angenehm macht. „Elly" ist eines der Schafe, das so eine ausgeprägte Futterzahmheit hat. Doch heute ist sie auffallend desinteressiert, zappelt und legt sich lieber hin, als auf das werbende Locken von Theresa zu reagieren. „Ist die Elly krank?", fragt sie. Hand in Hand und unter ruhiger Zusprache nähern sich Tochter und Vater dem Tier, das tatsächlich irgendwie leidend herüberblickt. „Wahrscheinlich wird sie bald ein Lamm bekommen", tröstet Paul seine Kleine. „Wir lassen sie jetzt in Ruhe und schauen von Zeit zu Zeit nach ihr."

Wenig später fährt Sabine vor und holt Theresa, die nur unter Protest ins Auto steigt. „Ich will aber dableiben", schluchzt sie unter Tränen, „weil die Elly Mama wird." Also einigt man sich auf einen Kompromiss. Morgen, sofort nach der Schule, kann sie wiederkommen.

Am nächsten Morgen schaut Paul auf seinem Kontrollgang bei den Schafen vorbei. Das unruhige von gestern hat während der Nacht wie erwartet gelämmert. Zwei kleine Körper liegen neben der grasenden Schafsmutter im Gras. Ihr Blöken verrät, dass sie den Nachwuchs angenommen hat und sich um ihn sorgt. Eines der beiden Lämmer liegt eigenartig verdreht. Paul weiß, was das zu bedeuten hat. Das andere hebt zitternd den Kopf und das Altschaf blökt beruhigend zu ihm hin. „Hast ein Junges bekommen, brav", lobt er das Schaf und erzählt ihm, dass er später wiederkommen und es im Auge behalten wird. Das tote Lamm nimmt er indessen hinter seinen Rücken, damit das Schaf es nicht sehen kann. „Zählen können Schafe ja nicht", weiß er, aber den offensichtlichen Verlust registrieren sie durchaus. Dann lässt er die beiden auf der Koppel zurück.

Kurz nach Mittag knallt eine Autotür und Theresa stürmt zum Zaun. „Hey, Elly", begrüßt sie das Schaf. Das blickt zwar zu ihr, blökt auch verhalten, nähert sich aber nicht. Dann entdeckt sie dahinter im schuhhohen Grün das Jungtier.
„Die Elly hat ein Baby bekommen", ruft sie und rennt Richtung Haus, um ihren Vater zu informieren. Paul empfängt die sich vor Freude fast überschlagende Kleine in seinen Armen und dann erzählt er ihr von der Geburt. Im Laufe des Vormittags hat er mehrfach aus der Ferne zu den beiden hingeschaut, und es scheint sich zu bestätigen, was er schon befürchtet hat. Entweder ist das Kleine zu schwach zum Trinken oder seine Mutter hat nicht genug Milch – vielleicht auch eine Mischung aus beidem. Auf jeden Fall wird es die nächsten Stunden nicht überleben, wenn es nicht versorgt wird. Er hat noch etwas Haltbarmilch auf Vorrat, mit der will er sein Glück versuchen.
„Darf ich ihm das Flascherl geben?", fleht Theresa.
„Ja, probieren wir einmal."
Nach einigem Hin und Her trinkt das Lamm dann ganz offensichtlich die ersten Schlucke seines Lebens. Besorgt steht das

Altschaf daneben und blökt. Eine Stunde später versuchen die zwei es erneut.

„Das Lamm ist ziemlich schwach. Resa, du weißt, dass so kleine Lämmer sterben können. Wir bemühen uns, aber du darfst nicht traurig sein, wenn es nicht überlebt", versucht Paul die Kleine auf diese Möglichkeit vorzubereiten.

„Ja, aber vielleicht schafft es das."

„So nicht", fürchtet Paul und ruft Anna an.

„I got this feeling on the summer day when you were gone ...", tönt es aus dem Autoradio und Anna dreht die Lautstärke bis zum Anschlag auf. „I don't care, I love it ...", singt sie nach Leibeskräften mit und bewegt dabei Kopf und Oberkörper, als würde sie selbst gerade auf der Bühne stehen. Schon nimmt sie die letzte Kurve zu Pauls Hof – beinahe im Drift –, „... I am a 90's bitch. I love it ...", dann dreht sie das Radio leiser und bremst abrupt. „Nicht da, mein Alpenkönig und Menschenfeind", überlegt Anna. Ja, so nennen sie ihn unten hinter vorgehaltener Hand, weil er hier heroben auf seiner Trutzburg schon fast ein Einsiedlerleben führt. Doch nun erblickt sie ihn, heute ist er gar nicht allein.

Anna begrüßt die kleine Theresa überschwänglich, nachdem sie sich lange nicht gesehen haben. „Eine Frau am Hof, ganz etwas Neues", stichelt sie. Paul scheint das zwar überhört zu haben, ermuntert seine Tochter aber, sie zu begrüßen und tut es ihr gleich. Er sucht sogar das Gespräch, auch abseits von Fachfragen, ganz so, als ob er für ihr Kommen ehrlich dankbar wäre.

Schnell ist am Lamm erledigt, was getan werden kann. Anna muss weiter. „Alpenkönig und Menschenfeind", erinnert sie sich noch einmal. „Ein wenig tut man ihm damit Unrecht. Obwohl: Er hat ja wirklich etwas, wenn auch nichts Königliches. Unnahbar wie ein Elfenfürst thront er zuoberst am Berg und blickt mit Gleichmut auf der Menschen Tun. Und er offenbart sich nur dem, der ihm würdig erscheint ..."

Als sie am späten Nachmittag nach Hause kommt, pennt Ernst auf der Couch. Der Aschenbecher quillt fast über, daneben stehen leere Bierdosen. Als er nach einiger Zeit aufwacht, ersucht sie ihn zu gehen. Es fällt ihr nicht leicht, denn sie ist traurig und so wütend zugleich. Doch nach geraumer Zeit fängt sie sich emotional ein wenig und kann sogar lächeln. „I threw your shit into a bag and pushed it down the stairs. I crashed my car into the bridge. I dont' care, I love it ..." Mit diesem Gefühl der Befreitheit sinkt sie in einen traumlosen Schlaf.

Das Lamm ist immer noch schwach und wackelig, doch Theresa gibt ihm gewissenhaft alle paar Stunden das Fläschchen, während Paul ihm die Arznei zur Nachbehandlung eingibt. Zumindest ist es aber schon bald so fit, dass es aufstehen und erste, unsichere Bocksprünge wagen kann. Das freut Schafsmutter und Wahlmutter sehr, was am abwechselnden Blöken und glucksenden Lachen unschwer erkennbar ist.
„Wie heißt das Lamm eigentlich?", fragt Theresa.
„Wie soll es denn heißen?"
Theresa überlegt hin und her, dann fällt ihr das kleine Mammut aus „Ice Age" ein. „Wie wär's mit ‚Peaches'? Und kann ich einmal bei einer Geburt dabei sein und zusehen, wie das geht?"
„Sicher. Wenn du möchtest."
Die Kleine strahlt übers ganze Gesicht und fühlt sich sichtlich wohl, kuschelt sich, auf seinem Schoß sitzend, ganz zu ihm hin und genießt den Moment. Beide tun sie das, fühlen sich unversehens so entrückt, so geborgen.
„Wieder eine Frau am Hof", denkt Paul an Annas Worte. „Wie sie das wohl gemeint hat – und wieso interessiert sie sich überhaupt dafür?"

Als Anna die Augen aufschlägt, weiß sie im ersten Moment nicht, welcher Tag heute ist. Sie liegt reglos da, spürt nicht einmal, dass sie einen Körper hat, doch es fühlt sich gut an: schwerelos, unbeschwert, frei. Dann fällt ihr wieder ein, was sie gestern getan hat und ihre Miene verfinstert sich merklich. „Der Schritt war längst überfällig. Ich hatte keine Wahl", grübelt sie über die zwar emotional, aber doch bewusst getroffene Entscheidung, fortan allein zu sein.

Anna steht auf, wäscht sich das Gesicht und blickt in den Spiegel. Ihr eigenes Gesicht kommt ihr fremd und verändert vor. Das Kindliche, das sich sonst gerne zeigt, scheint irgendwo verborgen zu sein. Sie wirkt auf sich reifer, als sie eigentlich ist, und das verwundert sie.

Zusammengekauert auf dem Sofa sitzend nippt sie an der übergroßen Tasse mit dem lauwarmen Tee, scrollt durch die Ereignisse vom letzten Tag und klickt auf die Guter-Rat-für-den-Tag-App: „Du willst deinen Nächsten lieben wie dich selbst. Liebst du dich denn selbst?"

„Was soll denn das für ein Rat sein?", faucht sie ihr Tablet an. Die Worte erinnern sie mehr an ein Rätsel nach fernöstlicher Tradition als an etwas, dem man folgen kann. Und überhaupt: „Hasse deinen Nächsten wie dich selbst, würde mir leichter fallen!"

Fünfter Akt

Paul lässt beim Mähen ein paar Büschel der leuchtend
blühenden Nelken stehen, wie er es versprochen hat.

Das Telefon klingelt. Eine alte Bekannte will wissen, ob Paul nicht ein Bio-Weidelamm für sie hätte. Sie würde es die nächsten Tage brauchen. Zeitlich geht sich das aus, also sagt er zu. Doch zuerst versorgt er das Pflegelamm seiner Kleinen, das braucht immer noch sporadisch ein Fläschchen. Danach sucht er ein halbwüchsiges Widderchen aus. „Das wird gut passen", bestätigt er selbst seinen eigenen Entschluss. Er schlachtet es so schonend wie möglich, häutet es und weidet es aus. Dann kann das Fleisch eine Zeitlang rasten und reifen. Das Herz kocht er für sich, Leber und Lunge für Hund und Katzen.
Am späten Tag fährt plötzlich seine Bekannte vor.
„Du bist zu früh", begrüßt Paul sie. „Hatten wir nicht morgen vereinbart?"
„Ich weiß. Ich hoffe, es kommt dir nicht ungelegen und du freust dich ein wenig über meinen Besuch", haucht Birgit an seinem Gesicht vorbei.
„Ich freu mich natürlich – ein wenig", scherzt Paul, obwohl das genau so stimmt und ihm nicht wirklich in sein Konzept passt. Sie kennen sich schon sehr lange. Nach seiner ersten großen Jugendliebe war er einmal kurz mit ihr „zusammen", wie man so sagt. Es war nie etwas Ernstes, Tiefes. Eher war es ein kollegiales Zusammensein, eine Art gemeinsames Projekt, das nichts weiter einschloss. Und seither trifft man sich dann und wann, ganz so, wie es in ihr sprunghaftes Leben passt.
„Bist du hungrig? Dann heiz ich den Griller ein – hab heute Lust auf Fleisch", schlägt Paul vor. Als Vorspeise gibt es das gekochte Herz, mariniert und kalt. Dann etwas Heißes vom Grill, saftig und scharf.
Die beiden plaudern noch bis tief in die Nacht. Erst jetzt fällt ihm auf, wie er das vermisst hat. Zwanglos zusammensein, die Nähe einer anderen spüren, abgelenkt sein von den Gedanken des Alltags. Er denkt nur ans Jetzt, lässt das Morgen ein Morgen sein.

Die Mutter ihrer besten Freundin hat Theresa heute von der Schule abgeholt, damit die beiden Mädels ein paar unbeschwerte Stunden miteinander verbringen können. Später fährt sie mit ihr zu Paul, wie das mit Sabine ausgemacht war. Theresa steigt dort aus dem Auto, sieht eine ihr unbekannte Frau und weiß sofort, dass sie die da nicht mag. Sie sucht Schutz hinter Pauls Beinen und stellt sich nur missmutig vor. Dann rennt sie wortlos zum Stall, befüllt ein Fläschchen und geht demonstrativ geschäftig mit ihrer Katze im Schlepptau zu ihrem Lamm.
„Blöde Kuh!", raunt sie und lenkt sich ab, indem sie die nun schon kräftige Peaches mit dem Flascherl-Zutz neckt.
Birgit ist nicht entgangen, dass Paul sich beim Nahen und Erscheinen seiner Tochter unwohl gefühlt hat und irgendwie verlegen war. Etwas, das sie sonst kaum je an ihm beobachtet hat.
„Gib ihr Zeit!", flüstert sie ruhig, während er die Kleine im Stall verschwinden sieht. „Sprich einfach später mit ihr!"
„Magst du was essen? Ich hab heute Lust auf was Saures", fügt sie einladend hinzu und führt ihn an der Hand zurück ins Haus. Dort reicht sie Paul die Tomaten, die sie mitgebracht hat. Sie holt eine Schüssel, und während sie den Schafskäse in kleine Stücke bricht, ersucht sie ihn, die Früchte zu waschen. Gewissenhaft entfernt er die Stängel und benetzt ihr Rot. Sie nimmt eine nach der anderen aus seiner Hand und streift diese dabei mit Absicht. Der sanfte Druck des scharfen Messers auf der vollreifen Frucht drückt die Haut ein wenig ein, bevor sie durchtrennt und gespalten wird. Eine Scheibe nach der anderen stapelt sich am Schneidebrett, während der Saft dabei langsam heraussickert und einen Film auf der Oberfläche bildet. Schließlich greift sie zu, gibt alles in die Schüssel und vermengt es mit Essig und Öl. Die frischen Kräuter, die sie darüberstreut, bleiben an der feuchten Oberfläche kleben. Dann nimmt sie das erste Stück und reicht es ihm. Paul ist zögerlich. Doch sie führt die saure Versuchung an seine Lippen, schiebt sie unter sanftem Druck in seinen Mund, dass dabei Saft über sein Kinn zu Boden tropft. Abwechselnd sind nun beide dran bei dem triefenden Mahl. Am Ende tupft sie seine Lippen und sein Kinn sauber. Dabei sind sie einander nahe wie schon lange nicht mehr.

Am Abend hat Paul das Fleisch im Schlachtraum entbeint und portioniert, wegen dem sie eigentlich gekommen war. Dann ist Birgit ins Auto gestiegen und mit einem „Bis bald!" wieder verschwunden.

„Bis bald", hat auch er ihr gesagt, doch nun grübelt er, ob da nicht der Wunsch mitgeschwungen hat, dass sie wirklich bald wiederkäme.

Irgendwie ärgert es Paul, dass er immer und immer wieder in dieselben Muster zurückfällt. So oft schon hat er sich vorgenommen, bei ihr endgültig einen Schlussstrich zu ziehen. Und so oft schon ist er rückfällig geworden. „Sie ist wie eine Flasche süffiger Wein", überlegt er, „die dir an einem einsamen Abend verspricht, dass sie dir guttun wird." Doch wenn man sie trinkt und dabei Schluck für Schluck sogar genießt, wird das Verlangen noch größer und man will immer noch mehr. Am nächsten Morgen stehen dann da die geleerten Flaschen, in den Gläsern getrocknet der Bodensatz. Man hat Durst auf nichts als klares, prickelndes Wasser und es dauert, bis man sich wieder erholt hat.

„Genau so ist sie", stimmt er sich selber zu. „Sie ist nicht gut für mich, ich bekomme Kopfweh von ihr."

Später am Abend schlendert er ziellos durchs Haus. Nascht da, zupft dort. Resa ist schon im Bett. Dann drückt er die Türklinke nach unten und greift ins Regal. „Ein Schluck Wein schadet nicht, den hab ich mir heute verdient ..."

Paul schlürft seinen Milchkaffee, als Theresa sich zu ihm gesellt. „Hast du Hunger? Soll ich dir etwas herrichten?" Doch die Kleine schüttelt nur ihren Kopf und lehnt sich an ihn. Wenige Minuten später erhebt er sich trotzdem und holt für sie Brett, Butter, Brot, Messer und ein Paar Rohwürste, bei deren Herstellung im letzten Winter sie selbst mitgeholfen hat und die sie normaler-

weise genüsslich verspeist. Gedankenverloren schneidet sie Räder von den geräucherten und getrockneten Würsten ab, legt damit ein Muster auf ihr Brot und kaut unwillig darauf herum.
„Willst du nicht wissen, wer das gestern war?", sucht Paul das Gespräch, doch seine Tochter hebt nur demonstrativ gelangweilt die Schultern, ohne sonst auf seine Frage zu reagieren.
„Ich werde heute das Feld oberhalb vom Haus mähen. Magst du am Nachmittag wieder heraufkommen und helfen, das Heu von den Feldrainen zusammenzurechen?"
„Aber nicht alle Blumen abmähen!", fordert sie nun bestimmend und selbstbewusst.
„Mach ich nicht. Und? Hilfst du mir?"
„Hilft sie auch?"
„Wer?"
„Na, sie. Die von gestern."
„Sie besucht mich nur manchmal, aber bei der Arbeit hilft sie mir nicht."
„Darf ich dann auch mit dem Traktor mitfahren?"
„Sicher darfst du, wenn du das willst", willigt Paul ein und ist vorerst damit zufrieden, dass Resa ihm nicht länger böse ist.

„Bis später", verabschiedet sich Theresa bei der Schule und wirft ihm einen Luftkuss zu. Weil Paul nun schon im Ort unten ist, erkundigt er sich beim Baumarkt, ob denn das bestellte Drahtgeflecht nicht endlich angekommen sei, aber offenbar hat die Bestellung irgendjemand verschlampt. Das wundert und ärgert ihn nicht weiter, heute hätte er für die Erneuerung der Schutzzäune ohnehin keine Zeit gefunden.
Wieder daheim, startet er den Traktor und beginnt, die Wiesenfläche wie geplant zu mähen. Er ist ohnehin schon spät dran damit, da die Gräser bereits im Reifestadium sind. Das ist zwar für die Wiese gut, für die Qualität des Viehfutters allerdings nur bedingt.
Das Mähen geht aufgrund der Hangneigung nur langsam voran und verlangt volle Konzentration, damit kein Unglück passiert.

Gegen Mittag ist er aber fertig und tauscht das Arbeitsgerät. Früher hat er den Rand der Felder, den Bereich rund um die Zäune und die extremen Steilstellen gerne mit der Sense gemäht. Das war eine beschauliche, wenn auch anstrengende Tätigkeit. Der Landarbeiter, der ihm das Sensenblatt nach getaner Arbeit wieder gedengelt und damit geschärft hat, hat sich aber zur Ruhe gesetzt, und sonst macht das heute keiner mehr. Deshalb erledigt er das Nachmähen nun mit einer Motorsense – auch weil es einfacher ist. Ein paar Büschel mit den nun leuchtend rot-violett blühenden Pechnelken lässt er wie versprochen stehen. Denn seit er das macht, vermehren sich die, und das gefällt auch Paul irgendwie. Noch ehe er damit fertig ist, nimmt er aus einem Augenwinkel eine Bewegung hinter sich wahr. Von ihm unbemerkt muss Sabine ihre Tochter für die nächsten beiden schulfreien Tage zu ihm gebracht haben. Pflichtbewusst erklimmt die junge Dame nun bereits mit dem Rechen in der Hand die Anhöhe, winkt zum Gruß und beginnt damit, die mittlerweile schon welkenden Kräuter und Gräser von der Steilfläche nach unten zu heuen, bis dorthin, wo er sie später mit der Maschine erreicht.

„Danke, dass du die Blumen nicht abgemäht hast."

„Danke, dass du mir hilfst."

Inzwischen ist Paul bereits am Ende des auszumähenden Zauns ober dem Haus angekommen und tauscht sein Arbeitsgerät nun gegen einen maschinengezogenen Rechen, der die Kräuter und Gräser in einer langen „Wurst" hinter sich ablegt. Als er auf Höhe von Theresa ist, stoppt er natürlich und nimmt sie ein paar Runden lang mit, bis sie genug davon hat.

„Du musst nicht mehr weitermachen, das erledige ich dann schon."

„Okay. Dort oben sind ganz viele Löcher mit ganz vielen Grillen."

„Weißt du, wie man die kitzelt?"

„Weiß ich schon lang."

Erneut stoppt Paul an der Kante zum Feldrain und lässt die Kleine aussteigen. „Ein paar Runden fahr ich noch, dann lass ich es auch. Dort, wo der Bewuchs dichter war, kann das Mähgut noch etwas trocknen. Morgen ab Mittag lagern wir es dann ein."

„Wieso heißen die eigentlich Pechnelken?", will sie jetzt noch wissen. „Bringen die Pech?"
„Die bringen Glück. Aber sie haben so klebrige Streifen, so klebrig wie Baumpech."
„Okay. Dann sag ich Glücksnelken. Ich glaub, das mögen sie gern."

Als Paul seine maschinelle Arbeit wenig später beendet, hört er schon von weitem das glucksende Lachen der Kleinen, die mit den Haustieren spielt. Er greift sich den Rechen und bessert dort und da nach, wo sie vorhin geschäftig gewerkelt hat. Obwohl die Gräser und Kräuter nur wenige Stunden in der Sonne gelegen sind, sind sie auf den Steilflächen bereits so trocken, dass es beim Zusammenrechen richtiggehend rauscht. Verschiedenste Düfte der feinen Kräuter steigen dabei auf, die zum Teil sogar über den Winter hinaus im konservierten Viehfutter erhalten bleiben. Ein Grillenkonzert durchdringt die Stille. Etwas sorgenvoll blickt Paul gegen den Himmel, wo sich nicht wenige Wolken türmen, was auf ein Donnerwetter hindeuten kann. Aber es hilft ohnehin nichts. Es kommt so, wie es kommt.
Als Paul bei den „Glücksnelken" vorbeikommt, hebt er halb unbewusst seinen Arm und streicht mit der offenen Hand knapp über die Pflanzen hinweg. Ein Spiel, das er dann und wann gerne spielt. Auch wenn die Handfläche nicht berührt, was sich unter ihr befindet, hat er das Gefühl zu wissen, was da ist. Es ist ihm fast so, als hätten die Pflanzen eine Ausstrahlung, die er wahrnehmen kann. Und fast scheint ihm, als spürten die Pflanzen auch ihn, als wäre er für sie eine Art schützender Hand.

Gerade als Paul tags darauf das letzte Futter eingelagert hat, verfinstert sich der Himmel und erste Tropfen beginnen niederzufallen. Zufrieden über sein Tagwerk geht er ins Haus. Als es immer dunkler wird, obwohl die Sonne noch hoch am Himmel steht, und das Rumoren und Donnergrollen lauter wird, drückt sich Theresa ganz verängstigt an ihn. Sie weiß, dass ihr im Haus nicht wirklich viel passieren kann, aber dennoch ist da eine unbegründete Angst vor den zuckenden Blitzen und vor allem dem harmlosen Donner, der im Anschluss folgt.

„Darf ich die Wetterkerze anzünden, damit uns hier nichts passiert?"

„Uns passiert schon nichts, aber zünde sie ruhig an." Also greift Paul in den Herrgottswinkel hinter sich nach dem Kerzenstummel, der schon so oft in solchen Situationen für Ablenkung gesorgt hat. Er ist auf einem Porzellanuntersetzer fixiert, den die Statuette des Schutzpatrons des Hauses ziert. Kitschig bunt bemalt steht dieser hier mit wallendem Umhang und dem gezückten Schwert in der Hand, doch nicht zum Angriff bereit, wie es scheint, sondern zur Abwehr und selbstlosen Aufopferung, wenn dies notwendig wäre.

Gerade als die Flamme der Wetterkerze das erste Mal so richtig hochzüngelt, blitzt und kracht es zugleich – der Strom fällt aus. Vorsichtshalber hat Paul schon alle wichtigen Geräte im Haus ausgesteckt, weil es häufig vorkommt, dass es unmittelbar im Hofbereich einschlägt und die Überspannung bei der Feinelektronik Schaden hinterlässt. Nun presst sich Resa an ihn wie das kleine Kind, das sie früher einmal gewesen ist. Sie versteckt ihr Gesicht an seiner Brust und ist dem Heulen nahe. Also umarmt er sie und spricht ihr gut zu, bis sich das Unwetter verzieht.

„Ich hasse solche Gewitter", schimpft sie später.

„Man muss sie nicht hassen, aber natürlich auf der Hut sein. Sie haben auch ihr Gutes, schließlich bekommen wir dadurch dringend benötigten Regen und die Blitze setzen aus der Luft Nährstoffe frei, die für das Wachstum der Pflanzen bedeutend sind."

„Aber wenn der Blitz Tiere tötet oder uns?"

„Nichts ist nur gut oder nur schlecht. Alles hat auf seine Weise seinen Preis."

Als sich das Unwetter wenig später vollends verzogen hat, sieht Paul sich die Folgen an. Als erstes prüft er das elektrische System, aber hier ist nichts passiert, nur der Schutzschalter ist herausgesprungen. Direkt oberhalb vom Hof leuchtet es frisch weiß vom Waldrand her, was die Ursache für den lauten Knall gewesen sein dürfte. Bis auf ein Drittel ist ein Baum von oben her zerspalten, etliche Splitter liegen am frisch gemähten Grün. Theresa muss sich das gleich aus der Nähe ansehen und stapft die klatschnasse Wiese hinauf. Paul indes nimmt sich eine Haue und zieht die Abkehren seiner Schotterstraße nach, die vom Starkregen und mitgerissenen Schotter und Sand verlegt sind und so den Abfluss blockieren.

„Meinen Glücksnelken ist nichts passiert", ruft schließlich Resa von weitem schon zu ihm herunter. „Nur dein Baum, der ist hin. Aber das hat auch sein Gutes. Du wirst wenig Mühe haben, aus ihm Kleinholz zu machen."

Sechster Akt

„Kannst du wirklich mit Tieren reden?"
„Ich kann zumindest zu ihnen reden.
Das kannst du auch, und das tust du ja auch."

Jetzt im Hochsommer ist Annas Praxis für zwei Wochen zu. Eigentlich hätte sie mit „ihm" ans Meer fahren und alles genießen wollen, was man zu zweit so genießt. Doch aus irgendeinem Grund hat niemand etwas gebucht. War auch besser so. Antriebslos fühlt sich Anna seit einiger Zeit. Sie weiß nicht wirklich, woran sie sich klammern kann. Es ist halber Vormittag, und noch immer lümmelt sie nur in Slip und Shirt in ihrem Sofa. Sie stülpt sich die Kopfhörer über, scrollt die Playlist durch.
„It must have been love but it's over now ..." singen Roxette. „Zu fad", entscheidet Anna und kommt zu Chicago: „Even lovers need a holiday. Far away from each other. Hold me now ..." Es wird Anna dabei noch schwerer ums Herz. Sie schwankt zwischen dem Drang, „ihn" doch zurückhaben zu wollen, und dem Wissen, dass sie das keinesfalls darf. Doch es fehlt ihr etwas. Jemand, der sie hält, auffängt und trägt.
Dann kommt Masquerade: „I feel I'm falling apart 'cause I know I've lost my guardian angel ..." Längst stehen Tränen in Annas Augen und sie fühlt sich, als würde sie fallen. Als wäre sie allein und verlassen und als hätten böse Mächte ihren Leib fest im Griff. Sie lässt die Kopfhörer sinken und schluchzt leise in sich hinein.
„I wanna know what love is, I want you to show me", schreit es wie ein flehendes Gebet aus ihr heraus. Dann verkriecht sie sich noch tiefer ins Sofa und schlummert ein.
Als sie erwacht, will sie nichts wie weg. Nichts mehr vom Gewohnten sehen oder hören, woanders sein. Sie zieht ihre Wanderschuhe an und ist fort. Nach kurzer Fahrt hält sie an einem Wandersteig und hastet den Anstieg hoch. Schweiß tropft von ihrer Stirn und der Puls pocht in ihr. Erst als sie schon hoch oben ist, wo der Wald sich dann lichtet, verlangsamt sich ihr Schritt. Plötzlich riecht sie etwas, das sie an ihre Stiefelsocken erinnert, aber schwer über dem Almboden liegt. „Das muss von den winzigen Blumen da kommen – Echter Speik", erinnert sie sich. Bald darauf vernimmt sie ein Pfeifen, dann noch eines. „Ein Vogel? Nein, Murmel sind das", ist sie sich sicher, lächelt und lauscht. Nun ist sie am Grat angekommen. Der Wind zerzaust ihr das Haar und es friert sie ein wenig. Ein massiver Felsblock

bietet etwas Schutz, dort lässt sie sich nieder und blickt hinunter ins Tal.

Oben am Berg ist alles ganz klar, doch tiefer unten wabert der Dunst. Abgase, Wärme und Staub hüllen die Siedlungsräume ein. Die Luft flirrt, und da und dort blitzen Reflexionen des Sonnenlichts auf, die ihr von Fahrzeugen und Bauwerken entgegengeworfen werden.

„Da unten lebe ich", schüttelt sie den Kopf und bemerkt, dass nun plötzlich alles von ihr abgefallen ist, was sonst so schwer auf ihr liegt. Ganz so wie sie, die sie beim Aufstieg den Smog, die Arbeit, die Sorgen hinter sich gelassen hat, scheint es auch ihre Seele getan zu haben. Verspielt flattert die jetzt im Wind, wird wieder leuchtend und klar. Und das gibt Anna die Kraft zurück, auf deren Suche sie war.

„Ich bin nicht einsam, ich bin nur allein!" Sie lehnt sich entspannt an den Felsblock im Rücken und inhaliert das Gefühl, allein und doch behütet zu sein.

Pauls Besuch rührt sich selbst jetzt noch nicht, wo die Sonne schon hoch am Himmel steht. Doch er hält es im Haus nicht mehr aus. Als er vor die Tür tritt, trottet die Katze mit einer Schwalbe im Maul an ihm vorbei. „Du Luder!", schimpft er mit ihr, da sie schon wieder einem dieser weitgereisten Sommergäste den Garaus gemacht hat. Franny knurrt währenddessen unter einen Holzstoß hinein und scharrt daran mit ihren Pfoten. Wahrscheinlich wittert sie einen Marder, der hier rund um die Getreidevorräte der Mäuse wegen nach dem Rechten sieht. Paul wirft die elektrische Mühle an. Lärm und Staub erfüllen den Raum, doch bald ist der frisch befüllte Trichter leer und Paul hat wieder genügend frischen Schrot für seinen Bedarf. Er nimmt einen halben Kübel voll und macht einen Kontrollgang zu seinen Kühen. Dem gespannten Euter nach zu urteilen, müsste eine von ihnen innerhalb der nächsten Tage ihr Kalb bekommen. „Morgen kommt Resa", freut er sich, „vielleicht geht sich das aus."

Theresa wollte ja einmal bei einer Geburt dabei sein, und jetzt wäre der Zeitpunkt günstig. Sie bleibt ohnehin gleich 14 Tage bei ihm, weil Sabine mit ihrer neuen Flamme irgendwohin auf Urlaub fährt. Er würde seiner Tochter das Erlebnis wirklich gönnen, und außerdem sorgt er sich ein wenig um die junge Dame. Es ist ihm schon öfters aufgefallen, dass sie sich ihm und anderen gegenüber manchmal ganz verschließt. Aufzutauen scheint sie vor allem, wenn sie mit ihrer Katze, ihrem Lamm oder zumindest dem Hund zusammen ist, denen sie Rollen zudenkt, mit ihnen umhertollt, lacht und singt und im Freien ausgelassen spielt.

„Es ist sicher nicht immer leicht für sie", macht er sich selbst auch Vorwürfe, weil sie beide nicht immer die besten Eltern waren. Sie hatten sich redlich bemüht, trotz allem für die Kleine da zu sein, und doch ist die Familie irgendwie zerrissen. Fast scheint es, als trage Theresa ein Stück dieser Beklommenheit mit sich herum, statt in ihrem Alter nur ganz Kind zu sein.

Ein wenig kann Paul sich in sie hineinversetzen, im Rückblick auf die Zeit, in der er selbst ein Junge war. Freilich waren die Umstände damals anders und er war schon ein wenig älter gewesen, als er so häufig am Rande der Verzweiflung war. Aber auch auf ihn drückte eine schier unerträgliche Last. Der saure Regen drohte in jenen Tagen, seinen Wald zu vergiften, über allem hing das Damoklesschwert nuklearer Eskalation. In der Schule stieß er auf Widerstand, und auf dem Weg in die Welt der Erwachsenen kam er kaum bis gar nicht voran. Dann, an einem Nachmittag, Paul erinnert sich, als sei es gestern gewesen: Ausgelaugt und leer warf er sich bei einem seiner Lieblingsplätze rücklings auf das durch Frost und Sonne verdorrte Gras und ließ sich fallen. Er fiel ins Bodenlose, nichts schien mehr einen Sinn zu ergeben, ein Grund zu leben zu sein. Er war mit sich am Ende und wusste weder ein noch aus.

Nach einer Weile begann er plötzlich, sich irgendwie wohler zu fühlen. Er rollte sich zur Seite und blickte ins verdorrte Gras. Eine winzige Spinne kletterte dort im wärmenden Licht der noch schwachen Frühlingssonne über einen Halm nach dem anderen. Zielstrebig kam sie voran. Nicht weit von ihr tat es

ihr eine Vertreterin derselben Art ganz offensichtlich gleich. Dann noch ein kleiner Käfer hier, eine geschäftige Ameise da – ein ganzer Mikrokosmos tat sich vor ihm auf. Und auf einmal war er ein Teil davon und keiner, der nirgends dazugehört. Er spürte, wie die Strahlen der Sonne ihn durchdrangen, wie ihn die Erde wie auf Händen trug. Es ging plötzlich nicht mehr um Sinn oder Unsinn des Lebens, es lag vielmehr an ihm, einfach ein Mitspieler auf dieser Bühne zu sein.
Von diesem Augenblick an hat sich in ihm alles verändert. Er hatte seine Familie zurückbekommen: Schwester Sonne, Bruder Mond – und natürlich Mutter Erde. Nur eine Vaterfigur war nicht in Sicht. Denn dem, den viele „Vater" nennen, irgendwie traute er dem nicht so recht über den Weg.
Während er sinnierend immer noch am Weidezaunpfahl lehnt, spürt Paul nun ein Kribbeln am Unterarm. Eine winzige grüngelbe Raupe kämpft sich munter durch das dort schüttere Haar. Paul zupft einen Halm ab, hält ihn dem Winzling hin und hebt ihn damit behutsam ins Gras. Er kann nicht anders, als treusorgend zu lächeln, denn hier heraußen findet er immer noch jenen Rückhalt und die Zuversicht, die er für sein eigenes Leben braucht. Und er wünscht sich nichts mehr, als dass auch Theresa dies für sich finden möge.

Sabine muss mit dem Auto auf der engen Hofzufahrt einige Meter zurücksetzen, damit der talwärts strebende Wagen an ihr vorüberkommt. „Das wird sie sein", ahnt sie und erwidert das dankende Handzeichen zum höflichen Gruß. Paul lehnt am Traktor, dann steigen sie und ihre Tochter aus.
„Viel Verkehr hier bei dir", begrüßt sie ihn neckisch und küsst ihn links und rechts ins Gesicht.
Paul spürt, wie seine Wangen immer heißer werden, doch er kann nichts dagegen tun. Er war sich nicht sicher, ob die zwei sich denn kannten, doch offensichtlich wusste sie längst über alles Bescheid.
„Alte Liebe rostet nicht, sagt man", funkelt sie ihn an und lacht

dabei so schelmisch, dass Paul gar nicht mehr weiß, was er nun sagen soll.
„Meinen Segen habt ihr", fügt sie hinzu. „Vielleicht wird es ja jetzt endlich etwas mit euch."
„Du bist jetzt 14 Tage weg?", versucht Paul, das Thema zu wechseln.
„Heute in zwei Wochen bin ich wieder da. Gib mir gut auf unsere Theresa acht", sagt sie zu ihm.
„Und du lass dich nicht unterkriegen. Du bist die einzig rechtmäßige Frau da am Hof, mach was daraus", zwinkert sie Theresa zu, umarmt sie fest und fährt davon.

Die Sonne steht schon tiefer. Bald wird sie hinter dem Bergrücken untergehen.
„Komm, vielleicht haben wir Glück. Ich will dir etwas zeigen", macht Paul die Kleine neugierig, die heute recht wortkarg und in Gedanken versunken geblieben ist. Würde Franny nicht so aufgeregt winseln, müsste ihre Antwort wohl Ab- oder Auflehnung sein. Doch sie gibt sich selbst einen Ruck:
„Waaas?", fragt sie gespielt gelangweilt.
„Komm! Die Franny weiß schon, wohin." Paul holt etwas Getreideschrot und zwei kürzere Seile, dann gehen sie los.
„Sag schon!", bittet sie ihn.
„Du wolltest ja einmal sehen, wie etwas Kleines zur Welt kommt?", fragt er sie nun. „Bei einer der Kühe müsste es dieser Tage so weit sein."
„Die kriegt ein Kalb?"
„Vielleicht hat sie es schon. Vielleicht können wir heute dabei sein und ihr helfen oder vielleicht dauert es auch noch."
Etwas abseits der Herde finden die beiden wenig später die gesuchte Kuh. Sie liegt ruhig da, umringt vom schnüffelnden Hund. Paul pfeift ihn zu sich und legt ihn an der Koppelzäunung ab.
„Sie kennt den Hund zwar, aber sie hat auch Angst um ihr Kalb", rechtfertigt Paul seine Entscheidung, dann nähern sie

sich halbschräg von vorne. Schon von weitem ist zu erkennen, dass sich unter der Schwanzwurzel etwas Rundes nach außen wölbt, das in Form und Größe ein wenig einem Luftballon gleicht.

„Komm, wir setzen uns da vorne hin", deutet Paul auf einen kleinen Hügel im Gras, der nicht weit von der Kuh entfernt ist. Dann erklärt er dem Rind in ruhigen Worten, was in den nächsten Minuten geschehen wird. Theresa und die Kuh hören ihm dabei geduldig zu.

„Kannst du wirklich mit Tieren reden?", fragt sie ihn schließlich ganz erstaunt.

„Ich kann zumindest zu ihnen reden. Das kannst du auch, und das tust du ja auch", entgegnet er. „Sie werden davon bestimmt nicht jedes Wort verstehen. Aber ganz sicher können sie an meinem Tonfall und an meinem Verhalten erkennen, was ich von ihnen oder für sie will", fährt er weiter fort.

„Brauchst keine Angst haben. Wir helfen dir", sagt Resa darauf in fürsorglichstem Ton.

Die Kuh stöhnt mit einem langgezogenen, basstiefen „Muuuh".

„Zur Welt bringen tut weh. Aber es dauert bestimmt nicht mehr lang."

„Es dauert wirklich nicht mehr lang", fügt Paul jetzt hinzu. „Die Blase ist offen, und beide Vorderbeine sind schon da. Ein wenig lassen wir sie es noch allein versuchen, sonst helfen wir ihr."

„Ja, helfen wir ihr!", ersucht sie ihn nun. Daraufhin fasst er unter dauerndem Zuspruch mit seinen Händen nach den Beinen vom Kalb, tastet den Kopf ab und macht aus den Seilen eine Schlaufe.

„Damit hat man besseren Halt", erklärt er nun beiden. „Wenn sie das nächste Mal presst, ist es wahrscheinlich schon da." Und tatsächlich dehnt sich die Tracht, der Kopf erscheint, der Brustkorb und endlich das Hinterteil. Die Zunge hängt dem Kalb aus dem halboffenen Maul, doch schon schüttelt es sich und atmet zum ersten Mal. Mit demselben Schwung, mit dem Paul das Kalb aus dem Geburtskanal gezogen hat, legt er es vor dessen Mutter ab, die es sofort unter wohlwollendem Brummen sauberlecken will.

„Ein bisschen bleiben wir noch bei ihr", keucht Paul ein wenig außer Atem und wischt den Schleim von den Händen. Dann hockt er sich wieder neben die Kleine und genießt den Augenblick.

Es ist schon halber Vormittag, als Paul mit Theresa nach dem neuen Kalb sucht. Sie finden es nicht sofort, weil es gut gedeckt in einer Mulde liegt. Doch als sie sich nähern, springt es auf und sucht Schutz bei seiner Mutter. Wenig später säugt es auch schon an einer der Zitzen.
„Die zwei kommen gut zurecht", ist Paul erleichtert. Einen unbedeutenden Umweg in Kauf nehmend, gehen die beiden im Bogen durch den Wald zurück in Richtung Haus. Schon nach wenigen Metern finden sie erste Pilze, und bis sie zurück sind, ist das zum Sack umfunktionierte T-Shirt voll.
Als Paul vom Waldsaum oberhalb des Hauses aus seine Blicke über die ihm überantwortete Liegenschaft schweifen lässt und auf die trübe Suppe im Tal unten blickt, entfährt ihm ein Fluch. Obwohl seine Zufahrtsstraße klar mit einem Fahrverbot für Nichtanrainer gekennzeichnet ist und es sogar eine Zusatztafel gegen die Radfahrer gibt, strampelt da einer ganz frech zu ihm herauf. Er hasst das. Es ist ihm zwar im Grunde egal, wenn dort jemand radelt, aber er hasst die meist jugendlichen Rowdys, die seine Straße nur als Aufstiegshilfe benutzen, um dann mit ihren Fahrzeugen querfeldein talwärts zu rasen – ohne Rücksicht auf Tierwelt oder Vegetation. Und er hasst es, wenn andere seine gerechtfertigten Wünsche nicht respektieren.
Schon nähert sich der Radler flott und frech, klatschnass vom Schwitzen und knallrot im Gesicht. Dann nimmt er Sonnenbrille und Helm ab.
„Du?" Paul ist ganz erstaunt.
„Ich weiß, dass ich da nicht fahren darf. Ist das schlimm?", blickt ihn Anna mit leicht zur Seite geneigtem, gesenktem Gesicht und großen Augen fragend an.
„Natürlich nicht. Magst du was trinken?"

„Wasser bitte, wenn du hast."

Paul geht ins Haus. Als er zurückkommt, sieht er sie mit Resa plaudern.

„Frauengespräche", sagt sie schmunzelnd, „wegen der Geburt gestern am Abend." Dann lässt sie sich auf der Bank nieder und trinkt in kleinen Schlucken. Resa setzt sich zu ihr und erzählt. Paul steht etwas abseits und überlegt.

„Traust du dich nicht oder willst du nicht?", lädt Anna ihn ein. Da gesellt auch er sich dazu und lauscht dem angeregten Gespräch. Schließlich rennt die Kleine zur plötzlich auftauchenden Katze und auch Anna will los. „Schön da. Ich glaub, ich weiß jetzt, was dich da heroben hält."

Paul blickt ihr tief in die Augen, so tief, als könnte er bis in ihr Inneres sehen.

„Schön da, ich weiß", bestätigt er und denkt, dass sie tatsächlich weiß, was ihn hier heroben so hält.

Siebenter Akt

Wortlos umarmen sich die zwei,
gefühlt so unendlich lange, dass Paul schon überlegt,
zu ihnen zu gehen, Teil ihrer Gemeinschaft zu sein.

Zwei Wochen hintereinander, so lange ist Theresa schon ewig nicht mehr bei ihm gewesen. Und, wie Paul findet, sie ist in diesen Tagen deutlich zugänglicher geworden, auch selbstständiger und verantwortungsbewusst. Vorhin ist sie alleine in den Wald aufgebrochen, um ein paar Pilze zu suchen. Die wird sie dann putzen, schneiden, in der Pfanne so lange erhitzen, bis das meiste Wasser verdunstet ist. Dann ein paar Eier drüber, noch ein paar Kräuter – fertig. Den Tisch zu decken, hat sie schon davor begonnen. Und auch ganz generell hat sie sich bemüht, das Haus ein wenig aufzuhübschen und „ihre weibliche Note einzubringen", wie sie sich ausgedrückt hat, „als einzig rechtmäßige Frau da am Hof".

Paul ist verunsichert. Er weiß nicht, warum sich nun alle über sein Privatleben Gedanken machen. Und überhaupt: Was ihm rechtmäßig zusteht oder nicht, wird er wohl selbst beurteilen können.

Aber natürlich ist ihm auch völlig klar, wie hin- und hergerissen er momentan wieder ist. Die Situation ist ihm irgendwie entglitten und er steht nun wieder dort, wo er nicht wirklich stehen will, denn er ist nicht für halbe Sachen. Und was er da gerade am Laufen hat, ist eine durch und durch halbe Angelegenheit, die sich zusehends seiner Kontrolle entzieht. Im Grunde hat er nur zwei Möglichkeiten: Entweder er entscheidet sich dafür, die Sache mit Birgit zu intensivieren und eine Beziehung einzugehen, oder er bricht das ab. Für die Beziehung spricht, dass sich die Zweifel dann in Luft auflösen und er sich über andere Dinge den Kopf zerbrechen kann.

Inzwischen hat Paul den Holzspalter in Gang gesetzt und begonnen, etwas für den im Winter benötigten Holzvorrat zu tun. Die bis zu unterarmlangen Abschnitte der Baumstämme werden durch einen massiven Hydraulikstempel von oben in ofenfertige Scheiter zertrennt. Der Spaltkeil bewegt sich langsam, bohrt sich ins Holz, bis dieses unter Knarren und Krachen auseinanderbricht. Er mag das, liebt den Duft des Holzes, die Prachtexemplare von Bockkäfern, die ihm dabei manchmal unterkommen, und das fast tranceartige, gleichförmige Tun.

„Der Nachteil einer Beziehung ist, dass man sich festlegt, bindet, selbst einschränkt und damit allem anderen verschließt, das sich sonst ergeben könnte. Und vor allem birgt sie die Gefahr in sich, an ihr zu scheitern", überlegt er.

Paul weiß gut über das Leben und Sterben Bescheid, über Gewinn und Verlust, das alles nimmt er gleichmütig hin. Doch wenn er sich jemandem gegenüber öffnet, ist aller Gleichmut dahin. Dann will er nur vorbehaltlos geben, nicht Herr der Lage sein. Wenn dieser Transfer aber nicht funktioniert wie erhofft, schmerzt ihn das, reißt tiefe Wunden in ihm auf. Und die kann man nicht nähen oder verbinden. Die brauchen lange Zeit, um zu heilen.

Ein besonders verwachsenes, astiges Holzstück will sich nicht spalten lassen und zieht Pauls ganze Aufmerksamkeit auf sich. Er dreht es hin und her und findet endlich, wonach er sucht: eine „verwundbare" Stelle. Dort setzt er den Spaltkeil an. Unter Stöhnen und Ächzen bricht das Holz schließlich entzwei.

„Etwas zerteilen, das fest zusammengewachsen ist, ist manchmal ganz schön schwer", sinniert Paul weiter. Den einfachen, glatten Schnitt gibt es in seinen Beziehungen nicht.

Es sind nun schon etliche Wochen, dass Anna mit sich alleine ist. Irgendwie hat sie sich auch bereits wieder ein wenig daran gewöhnt, fühlt sich zufrieden und frei. Zumindest frei von „ihm", dessen Anwesenheit sie gegen Ende hin zusehends als Last empfunden hat, aber auch noch nicht frei für etwas Neues, was auch immer das sein mag. Aus irgendwelchen Gründen hängt sie noch an ihm, obwohl sie es ja war, die ihn loswerden wollte. Und an manchen Tagen holt sie das ein, da fühlt sie sich, als wäre sie noch mit ihm verbunden. Da sehnt sie sich, bei ihm zu sein.

Sehnsucht – ein Gefühl mit zwei Gesichtern. Es beschreibt die Leere in ihr und ist wie ein Sog, der sie in jene Richtung zieht, die Linderung verspricht. Auf der anderen Seite ist aber das Sehnen an sich auch ein Genuss. Man kann im Selbstmitleid versinken und bis an die Grenze depressiver Traurigkeit weitergehen. Und wenn das auch eigentlich noch so unangenehm ist, so ist es im Moment doch fast schon angenehm. Es stillt eine Art von Verlangen, befriedigt eine Sucht.

„Vielleicht nennt man das nicht umsonst Sehnsucht", dämmert es Anna. „Vielleicht muss ich aktiv etwas dagegen tun."

In Annas Wohnung stapeln sich die Ratgeber für ein besseres Leben, die sie alle nach und nach regelrecht verschlungen hat. Sie weiß sehr viel darüber, wie man etwas richtig macht. Nur hinkt die praktische Umsetzung dem theoretischen Wissen häufig ein wenig hinterher. „Auch das ist eine Art Sucht", wird Anna Zug um Zug klar. Sie will ihr Leben zwar umkrempeln, doch andererseits mag sie es auch, sich selbst leiden zu sehen. Alles selbst in die Hand zu nehmen, gleich und direkt zu erledigen, passt dabei nicht ganz in ihr Konzept. Sie wüsste auch jetzt, was sie tun könnte, aber dieser süße Schmerz, der wäre dann wohl dahin.

In einem dieser zahlreichen Ratgeber oder irgendwo sonst hat sie einmal gelesen, dass diese Sehnsucht von einer tatsächlichen Verbundenheit kommt. Wenn man jemandem nahe ist, passiert das, was auch bei zwei Rosenbüschen passiert, die man nebeneinander in den Garten setzt: Die Wurzeln und Triebe verschlingen sich ineinander, manchmal wachsen sie regelrecht aneinander fest. Irgendwann kann man sie dann nicht mehr ganz so einfach trennen – es sei denn, man setzt an den Verbindungen einen womöglich schmerzhaften Schnitt.

Nun hockt sich Anna aufrecht hin und stellt sich vor, wie er und sie hierbei wohl aussehen mögen. Sie schließt die Augen und sieht sich als rankende Rose, daneben dann ihn. Berührungspunkte gibt es da viele, da und dort scheinen sie ineinander verwoben zu sein. Beginnend bei den Füßen, an den Händen, am Rumpf und auch am Kopf hängt sie fest. Jetzt müsste sie nur noch ein Lichtschwert nehmen, dann ein kräftiger Hieb … Oder sollte sie es behutsam angehen, mit scharfem Skalpell? Chirurgisch sauber nur das durchtrennen, was falsch zusammengewachsen war?

Neben dem Lichtschwert taucht vor ihrem geistigen Auge plötzlich auch eine Gießkanne auf. „Für heute reicht es", entscheidet sie und gießt und düngt nur sich selbst.

Nach dem ausgiebigen Pilzgericht hat Paul sich am Nachmittag kurz niederlegen müssen. Theresa war da schon wieder unterwegs in den Wald. Sie wollte noch etwas für ihre Überraschung besorgen.
Paul muss eine ganze Weile geschlafen haben, denn als er aufsteht, rührt seine Kleine so vertieft in einer Schüssel, dass sie ihn gar nicht kommen hört.
„Du bereitest deine Überraschung vor?", fragt er.
„Cupcakes", entgegnet sie. „Bis Mama da ist, hast du Hausverbot – bitte!", fleht sie.
Paul tut, als hätte er ohnehin noch etwas Wichtiges zu erledigen und geht nach draußen. Irgendwie zahlt es sich aber nicht aus, heute noch mit einer neuen Arbeit zu beginnen, und es fehlt ihm auch die nötige Lust. So lehnt er an seinem Gartenzaun wie an einem Aussichtsposten und blickt hinaus übers Tal.
Noch bevor das Auto um die letzte Kehre biegt, schlägt der Hund an. Nicht ernst, sondern freudig erregt. Auch Theresa weiß sofort, dass sich jetzt kein Fremder nähern kann, und stürmt heraus.
In ihrem hellen Kleid wirkt sie braungebrannt, als sie aus dem Auto steigt. „Ich hab dich so vermisst, Mäderl. Zwei Wochen ohne dich, das halt ich fast nicht aus", begrüßt sie ihre Tochter und schließt sie fest in ihre Arme.
„Wirst du aber müssen, wenn ich langsam erwachsen werde", lenkt Theresa ab, obwohl es ihr nicht anders ergangen ist.
Mit einem Blick zur Seite deutet sie Paul, dass sie noch etwas Zeit braucht, und dabei sieht er, wie aus den geröteten Augen große Tränen fließen. Wortlos umarmen sich die zwei, gefühlt so unendlich lange, dass Paul schon überlegt, zu ihnen zu gehen, die beiden fest in seine Arme zu schließen, Teil ihrer Gemeinschaft zu sein. Und tatsächlich streckt Sabine ihre Hand nach der seinen aus. Sanft greift er zu.
Nach und nach haben die zwei sich wieder im Griff und aus Theresa sprudelt es nur so hervor, was sie die letzten Tage alles getan und gesehen hat.

„War er schön, euer Urlaub?", will Paul schließlich wissen.
„Landschaftlich echt toll, das Wetter auch und sonst – Urlaub halt", berichtet die Zurückgekehrte nur knapp. Dann zerrt Theresa ihre Eltern ins Haus.
Der Tisch ist gedeckt, aus einer Bodenvase ragt ein Büschel langer Ruten der zartrosa blühenden Waldweidenröschen. Einen ähnlichen Farbton haben die Servietten auf dem Tischtuch aus knalligem Gelb. Sie bittet zu Tisch und serviert dann ihre selbstgemachte Kreation: Cupcakes nach einem Rezept aus dem Internet, darüber ein Löffel flaumige Topfencreme und garniert mit frischen Waldhimbeeren, die sie davor sorgfältig gepflückt und auf Wurmfreiheit überprüft hat.
„Erstaunlich, was in dir steckt", lobt ihre Mutter sie mit ehrlichen Worten, und dann schildert Paul, was sie sonst noch alles geleistet hat.
Beim Abschied nimmt Sabine Pauls Gesicht in ihre beiden Hände und küsst ihn auf die Stirn: „Ich bin froh, dass Theresa einen so tollen Vater hat." Dann ist er wieder mit sich allein, aber auch irritiert über das, was eben geschehen ist.

Eigentlich hat Anna den Tag am Badeteich zubringen wollen: etwas schwimmen, in der Sonne liegen, vielleicht mit jemandem etwas trinken – nur konnte sie keine Ruhe finden. Sie war innerlich so aufgewirbelt, dass sie etwas anderes unternehmen musste. Sie versuchte es beim Friseur, doch dort hätte sie lange warten müssen. Schließlich fasste sie einen Entschluss und stieg auf ihr Rad. Nun ist sie hier heroben am Berg, völlig allein. Außer Atem, aber zufrieden lässt sie sich auf die Hausbank sinken und schöpft frische Kraft. Die abendliche Luft zieht den Hang kühl herunter, so dass sie ihre Jacke überziehen muss. Plötzlich schnurrt es neben ihr: Theresas Katze drängt sich vorsichtig auf.
„Das wird doch wohl nicht zur Gewohnheit werden?", hört sie dann eine raue Männerstimme sagen.
„Könnte leicht sein", gibt sie zurück. „Darf ich warten, bis die Sonne hinterm Grat niedersinkt?"

„Allein?"
„Ich will nicht unhöflich sein, aber – ja."
Als Paul später aus dem Fenster blickt, ist niemand mehr da – und die Dämmerung bricht schon herein. Unten im Tal gehen die Lichter an, in seinem Haus jedoch nicht. Er mag es, im Finstern zu sein, besonders an einem Tag wie heute. Reglos blickt er auf den hellen Streifen am Horizont, der langsam seine Strahlkraft verliert, müde wird, für heute zur Ruhe kommt. Dabei denkt er an Sabines Worte und ihren Kuss.
„Es wäre vernünftig und naheliegend", überlegt er dann, „aber wohl auch ein Schritt zurück. Der berühmte Spatz in der Hand, statt der Taube auf dem Dach. Aber mal sehen, was noch alles kommt ..."
Anna ist währenddessen gut daheim angekommen und macht sich jetzt frisch. Sie ist zwar erschöpft, doch nicht müde genug, um gleich schlafen zu gehen, also setzt sie sich in ihrer Lieblingsposition auf ihrem Sofa hin. Sie lässt die Gedanken kommen und gehen, denkt an Paul, dann an „ihn". Wieder stellt sie sich die zwei Rosenbüsche vor. Vor ihrem inneren Auge erscheint ganz allmählich, wie sie selbst langsam erblüht. Nun greift sie zum Lichtschwert. Das blitzt und funkelt, als sie es aus der Scheide zieht. Entschlossen hebt sie die Waffe zum Hieb. Doch noch bevor sie den Streich führen kann, hebt „er" vor sich schützend die Hand, wendet sich ab und löst sich von ihr. Wohlwollen und Genugtuung durchströmen Anna nun. Sie sieht sich in ihrem Inneren um und erkennt eine Respekt einflößende Lichtgestalt in und auch über ihr. Sie weiß erst nicht recht, ob sie selbst so gewachsen ist, doch dann erschrickt sie. „Ist das ...? Kann das denn sein?", geistert es ungläubig in ihrem Kopf herum. „Hab ich dich doch nicht verloren?"

Achter Akt

Schon krümmt sich die Rute
und etwas zappelt im sprudelnden Nass.

Paul ist längst munter, Birgit schläft natürlich noch. Der Rhythmus der beiden ist völlig verschieden. „Auf ihre Weise ist sie wirklich schön", findet Paul und bleibt noch ein wenig liegen. Ihr Rücken ist ihm halb zugekehrt, das Haar verdeckt einen Teil vom Gesicht. Behutsam rückt er näher an sie heran, streicht sanft über ihre unbedeckte Haut. Dann richtet er sich ein wenig auf, um ihren Nacken mit gehauchten Küssen zu bedecken, doch sie dreht sich weg. Murmelt etwas von „müde" und rollt sich in die Bettdecke ein.
Also erhebt er sich und geht die Stiege hinunter, wo er vom Hund schon überschwänglich empfangen wird. Dieser scheint sich ehrlich zu freuen – und das Tag für Tag, wenn sie sich sehen. Vor der Tür faucht die Katze, weil sie etwas zum Fressen haben will.
„Sie ist auch wie eine Katze", faucht er zurück. „Sie kommt, wenn sie etwas braucht oder manchmal auch, weil sie gekrault werden will, doch von ihr kommt nie was retour." Auf irgendeine Weise fühlt er sich benutzt und das gefällt ihm nicht. Ihm wäre eine nach Hundeart lieber. Er wird mit ihr reden müssen.
Es ist schon halber Vormittag, als er sie rufen hört. Er steht gerade in der Werkstatt und schärft die Kette seiner Motorsäge.
„Da", antwortet er kurz.
„War schön bei dir. Dann bis irgendwann", verabschiedet sie sich.
„Das führt doch zu nichts, am besten machen wir jetzt eine Zeitlang Pause", entgegnet er.
„Wie du meinst", gibt sie sich verschnupft, dreht sich um und geht.
„Pause oder endlich ganz und gar Schluss", wirft Paul ihr in Gedanken noch nach, und schon ist sie weg.

Theresa klopft an die Tür der Tierarztpraxis.
„Bin hier", klingt es heraus.
Vorsichtig macht sie die Tür auf und sieht Anna geschäftig in einem großen Arzneimittelschrank hantieren.

„Wen haben wir denn hier?", bricht Anna das Eis und lädt die Kleine umgehend ein, ihr zu assistieren.

„Was wird das?", fragt die.

„Ich möchte heute noch Salben kochen und Tinkturen ansetzen. Halt das bitte kurz", erklärt sie und holt verschiedene Gefäße mit offenbar frischen Kräutern. Einige davon kennt Theresa auch, die hat sie schon im Wald oder auf steilen Feldrainen gefunden, wo es immer so herrlich intensiv duftet.

„Eigentlich soll ich nur für die Franny was holen, damit sie keine Schmerzen hat."

„Ach ja. Für sie können wir auch etwas mischen, wenn du noch ein paar Minuten hast."

Anna rührt, dreht und wendet. Theresa tut es ihr gleich. Aus dem im Hintergrund laufenden Radio tönt es derweil ganz leise: „You held me down, but I got up ..." und unversehens summen beide den Refrain mit, müssen sich lächelnd ansehen und trauen sich dann, ein wenig lauter zu sein: „Roar, roar, roar ... I got the eye of the tiger ..." Es braucht keine Worte. Die beiden wissen auch so, was die andere denkt: „Man sieht es dir vielleicht nicht an, doch du bist genauso eine Wildkatze wie ich!"

Sabine hat Theresa für die letzten wenigen Ferientage noch einmal zu Paul gebracht. Sie selbst hat es heute auch nicht eilig, gibt sich entspannt.

„Ich möchte noch ein paar Schwammerln pflücken", sagt sie eher beiläufig in seine Richtung.

„Die kannst du wirklich pflücken, brauchst sie nicht zu suchen. Es gibt jetzt mehr als genug, gleich oberm Haus – und überall."

„Gehst du mit uns mit?"

„Warum nicht?", denkt sich Paul und holt Messer und Leinentaschen.

Harmlos über dies und das plaudernd wandern die drei in Richtung Wald, teilen sich etwas auf, laufen sich wieder über den Weg und pflücken da und dort das eine oder andere schöne Exemplar. Es sind fast zu viele, um richtig Spaß zu machen,

weil die Herausforderung des Suchens und Findens fehlt. Also hocken sich die zwei Erwachsenen bald zufrieden ins Moos und warten, bis auch Theresa alles hat, was sie braucht.
Es ist völlig still hier, nur von fern hört man gelegentlich ein Fahrzeuggeräusch.
„Wird das nun was mit deiner Birgit?", wagt sie sich schließlich vor.
„Das war nie was und wird auch nichts."
„Wäre ohnehin besser. Sie tut dir nicht gut", tröstet ihn Sabine in fast fürsorglichem Ton.
„Und dein Neuer?"
„Keine Ahnung. Er bemüht sich wirklich und ich mag ihn auch sehr. Aber", seufzt sie, „ich bin mir selbst auch nicht sicher, ob ich das alles so will."
Die beiden blicken sich nicht an, sondern schauen tief in den Wald, wo man manchmal etwas huschen sieht oder knacksen hört.
„Versteh mich bitte nicht falsch", fängt er dann vorsichtig an. „Ich hab mir gedacht, vielleicht sollten wir es noch einmal versuchen. Nicht sofort natürlich, aber vielleicht irgendwann."
„Ich denke auch häufig daran. Es wäre vernünftig und naheliegend. Es wäre bequem." Dabei neigt sie ihren Kopf zur Seite und schaut ihn gewinnend an. Er nimmt die ihm dargebotene Hand und drückt sie nur zart, dabei blickt auch er sie durchdringend an.
Als das Knacksen näherkommt, sitzen die zwei wieder in gebührlichem Abstand nebeneinander im Moos. Geduldig lauschen sie der Schilderung über die erfolgreiche Jagd. Nur geputzt seien die Pilze und Schwammerl nicht hundertprozentig genau, sagt die Jäger- und Sammlerin. Dafür war nicht genug Ruhe und Zeit.

Überschwänglich begrüßt Franny Paul am Morgen, als dieser zu ihr herunterkommt. Man sieht ihr zwar seit einiger Zeit an, dass ihr Zustand merklich schlechter wird. Doch auch als There-

sa aufsteht, winselt der Hund regelrecht vor Freude und Glück.
„Mischst du ihr das Mittel von Anna ins Futter?", bittet er sie.
„Ich hoffe, das hilft."
„Du musst es wissen. Du bist die heilende Hexe in diesem Haus", zieht er sie auf, was sie mit einem Rempler in seine Seite quittiert.
„Was? Du bist ja unser Kräuterweiblein, dem sogar gelegentlich eine Katze auf der Schulter sitzt", legt er eins nach.
„Aber im Ernst, Resa. Du weißt, dass dieses Mittel ihr Leiden zwar lindert, aber heilen kann es nicht. Franny haben wir bekommen, bevor du geboren bist. Und für einen Hund ihrer Größe hat sie sich sehr lange gut gehalten", wirbt er um ihr Verständnis.
„Ich weiß. Sie soll nicht leiden", sagt sie traurig und weiß, was unweigerlich kommen wird. Paul weiß es auch. Irgendwann wird er den Hund anleinen und sein Gewehr schultern. Der wird meinen, es ginge zur Jagd. Paul wird sich zusammenreißen und der Hund wird nichts spüren, nicht einmal merken, dass es zu Ende geht. Doch ein paar Tage will er noch warten. Manche Dinge erledigt man lieber allein.

Ein Motorengeräusch nähert sich und schnell ist klar, dass Sabine vorgefahren ist.
„Hat sie nicht gesagt, dass sie dich erst morgen holen wird?", fragt Paul bei seiner Tochter nach, die nur mit den Achseln zuckt. Er ist sich auch nicht sicher, vielleicht hat er sie ja falsch verstanden, doch schnell klärt sich das Missverständnis auf.
„Ich bin einen Tag zu früh dran, ich weiß", entschuldigt sie sich. „Aber wenn ich darf, bleib ich heute bei euch hier heroben – wenn ihr keine anderen Pläne habt."
Die Kleine fällt ihrer Mutter offensichtlich glücklich um den Hals, nur Paul steht ein wenig verdutzt da.
„Die hat unser Gespräch ja ziemlich wörtlich und ernst genommen", denkt er, und sie scheint seine Gedanken zu kennen.
„Wenn ich darf, quartiere ich mich im Gästezimmer ein. Das

dauert nur ein paar Minuten, und dann könnten wir ja gemeinsam etwas unternehmen", schlägt sie vor.
„Fischen!", ruft Theresa. „Ich will fischen gehen."
„Gute Idee. In wenigen Tagen fängt ohnehin die Laichzeit an, und ab da sind die Bachforellen bis zum Frühjahr geschont", fügt Paul dazu, womit eine Entscheidung getroffen ist.
„Ich such schnell die Würmer", hastet Theresa in Richtung Brennholzplatz davon, wo man sie mit Kräften die schweren Rundhölzer drehen und wenden sieht, denn darunter versteckt es sich gerne, das große und kleine, sich schlängelnde und windende Getier. Mit einer Kinderhand voll Regenwürmer in einem mit etwas Erde gefüllten Glas kehrt sie bald zurück, dann geht es los.
Geschäftig erklärt sie am Bach dann ihrer Mutter, wie das Fischen hier geht. „Man nimmt den Wurm, sticht den Haken durch seinen Sattel, damit er so wenig wie möglich spürt. Dann fädelt man ihn entlang des Hakens auf", doziert sie und verliert beinahe die Geduld, weil ihre Mutter ihren Anweisungen nicht folgen will oder kann. Dann zeigt sie ihr, wie man mit Rute und Schnur geschickt so pendelt, dass diese sich nicht in der Ufervegetation verfängt, sondern punktgenau in einem ruhigen Tümpel in das Wasser fällt.
Schon krümmt sich die Rute und etwas zappelt im sprudelnden Nass. Hektisch, aber dennoch geschickt wirft sie den Fisch in hohem Bogen heraus, sodass Sabine gar nicht aus dem Staunen herauskommt und Paul sie sichtlich amüsiert und zufrieden lobt.
Kraftvoll wehrt sich die schön gepunktete Bachforelle zwischen dem Bewuchs an Land, doch Theresa fasst beherzt zu, ergreift den nächstbesten Ast und schlägt dem Fisch damit auf den Hinterkopf.
„Jetzt ist er betäubt und merkt nicht, dass er erstickt", gibt sie sich altklug und reicht die Angel ihrer Mutter für deren Versuch. Unter strengen Anweisungen hat auch sie dann bald Glück und so landen die drei bereits ihren zweiten Fisch, später noch einen dritten. Danach nimmt Theresa eine Forelle nach der anderen rücklings in ihre Hand, stützt sie mit dem Daumen unter dem

Kiemendeckel ab, wie Paul es ihr gezeigt hat. Mit Sorgfalt, als ginge es um eine Operation, öffnet sie nun die Leibeshöhle mit einer scharfen Klinge, weidet den Fisch aus und säubert ihn.
„Darf ich auch beim Braten helfen? Bitte!", fleht sie. Daheim angekommen erfüllt sich dann ihr Wunsch. Unter der Aufsicht von Sabine wälzt sie die Forellen in Mehl und legt eine nach der anderen in die Pfanne, in der die Butter schon zerronnen ist. Einmal behutsam wenden, dann sitzen alle beim Tisch und lassen es sich schmecken.

Theresa sind heute die Augen sehr früh zugefallen, sie liegt schon im Bett. Weil der Abend für den Spätsommer so unerwartet lau ist, gehen Sabine und Paul noch einmal nach draußen und machen es sich auf der Bank bequem. Er hat eine Flasche Wein dabei und schenkt in beide Gläser ein.
„Das war eine gute Idee, dass du heute schon gekommen bist", bedankt er sich bei ihr.
„Ja, das war ein echt schöner Tag. Zu sehen, wie sie da heroben aufblüht, wie selbstständig sie inzwischen ist – ein schönes Gefühl. Auf unsere Kleine!", prostet sie ihm mit dem Glas zu.
„Stört ‚ihn' nicht, wenn du dableibst?", will er wissen.
„Wenn ich einen Ausflug mit meiner Tochter mache, wen soll das stören?", gibt sie trotzig zurück.
„Aber, du weißt schon ..."
„Schau einmal, Paul", wendet sie sich ihm direkt zu und drückt seine Hand jetzt ganz fest, „du und ich, wir haben unsere Chance gehabt. Natürlich wäre es naheliegend und bequem, da weiterzumachen, wo wir damals aufgehört haben. Aber, sei ehrlich: Magst du bequem?"
Sie lässt sich Zeit, bevor sie fortfährt: „Kein Mensch mag ‚bequem'. Wir beide suchen doch die Herausforderung, in allem, was wir tun. Aber es würde von Reife zeugen, wenn wir auf einer höheren Ebene neu ansetzen könnten. Wir könnten und sollten Partner und Eltern sein, wirkliche Freunde sogar. Aber Mann und Frau sein, das können wir nicht", sagt sie ganz ernst.

„Und daran wird auch der Wein nichts ändern", fügt sie scherzend hinzu.
„Auf die Herausforderung!", schenkt Paul nochmals ein, enttäuscht und zufrieden zugleich. Denn eigentlich ist er ganz froh, dass er sich jetzt, wo er Birgit hoffentlich losgeworden ist, nicht schon wieder von Vergangenem fesseln lässt. Ihm scheint sogar, als ob in ihm jetzt wieder der Jagdtrieb erwacht: „Neue Frau meines Lebens, wo steckst du denn nur?"

Neunter Akt

Das Wild äst ganz vertraut vor ihnen im Bergwald.
Der Hirsch geht langsam in die Knie, legt sich nieder.

Ein Jagdgast hat bei Paul einen Hirsch geschossen. Nun sitzen die beiden in einem Gasthaus im Tal, essen zu Abend und trinken ein Bier. Der Gast ist schon ein wenig angeheitert und will noch nicht heim, da schlägt der Wirt vor, sie sollen doch mit ihm mitkommen, im Nachbarort gäbe es ein Landjugendfest.
„Bin schon zu alt", lehnt Paul dankend ab. Doch der Wirt und Thorsten überzeugen ihn schließlich und so fahren sie mit. Als sie dort aus dem Wagen steigen, hämmern die Bässe der Musik bereits mit voller Wucht auf sie ein. Sie gehen nach drinnen und stellen sich an die Bar. Es ist so laut, dass man sein eigenes Wort nicht versteht, aber zum Reden kommt ohnehin keiner hierher. Thorsten fackelt nicht lange und spricht gleich eine schon etwas verblühte Dorfschönheit an. Wenig später wirbeln die zwei bereits über das Parkett. Paul sondiert noch und überlegt.
„Frau meines Lebens, bist du heute hier?", fragt er sich und muss unweigerlich lachen, dabei schüttelt er seinen Kopf.
„Auf Aufriss da?", ruft jemand von hinten in sein Ohr. Er dreht sich um und sieht Anna, die anscheinend mit einer ihm unbekannten Freundin gerade erschienen ist.
„Bin ein bisschen aus der Übung", schreit Paul verlegen zurück.
„Dann komm mit! Das ist die Magdalena. Ich hab mit ihr zusammen studiert." Dabei schubst sie Magda zu ihm hin, damit er sie auf die Tanzfläche entführt. Etwas unbeholfen, doch durch das Bier schon beschwingt, kämpft er sich mit ihr dorthin durch. Sie spielen irgendein nichtssagendes Lied, zu dem die beiden so recht und schlecht mitwippen und es den anderen auf der Tanzfläche gleichtun. Das nächste Stück ist langsamer, so fasst er ihr an die Taille und zieht sie nahe an sich heran. Gefügig lässt sie sich von ihm durch den Raum führen, lehnt sich in der Pause zum nächsten Stück vorsichtig an ihn an. Unterhalten kann man sich nicht, schreit sich nur ab und zu Wortfetzen ins Ohr, doch das Gesagte ist ohnehin ohne Belang.
Neben sich gewahrt Paul nun Thorsten, dem die Begleitung schwer in den Armen hängt. Hinter ihm dreht Anna mit jemandem beschwingt ihre Runden und hat ganz offenkundig Spaß daran. Es ist lange her, dass sie sich so ausgelassen gefühlt und bewegt hat.

Das nächste Stück ist noch langsamer: „Who knows what tomorrow brings, in a world few hearts survive ...", und es ist Anna im Moment auch egal, was morgen sein wird. „All we have is here and now, all our lives, out there to find ..." Sie schmiegt sich enger an ihren Tanzpartner, wirft ihm einen vielsagenden Blick zu. Im schummrigen Licht tanzen sie weiter.
Thorsten hat offenbar konkrete Pläne und verlässt mit seiner Begleitung den Raum.
Paul hat keine Lust mehr zu tanzen und bestellt zwei Getränke an einer weiteren Bar. Hier ist es nicht dermaßen laut, sodass sogar ein Gespräch zustande kommt. Sie erzählt, dass sie vorübergehend bei Anna wohnt, seit diese nicht mehr in festen Händen ist. Paul ist sich nicht sicher, ob er alles richtig versteht. Beiläufig will sie wissen, ob er denn vergeben sei, doch Paul legt sich nicht fest.
Er lehnt hier an einer notdürftig zusammengebastelten Theke neben dieser jungen attraktiven Frau, die ihm eine völlig Fremde ist und mit der er sich notgedrungen unterhalten muss, solange die ihm besser Bekannten noch beschäftigt sind. Lieber hätte er sich mit Anna ausgetauscht als mit seinem momentanen Gegenüber. Und er überlegt, ob er sie „aufreißen" soll. Ihm ist der Ausdruck immer unheimlich gewesen, er birgt zu viel Brutalität in sich. Ihm fehlt dabei das, was er beim Aufriss eigentlich sucht: nämlich die Zärtlichkeit und die Geborgenheit. Denn in einem Zustand zwischen leicht angeheitert bis sturzbetrunken eine vollkommen Unbekannte gefügig zu machen, die Nacht miteinander zu verbringen und dann in aller Peinlichkeit am nächsten Morgen nebeneinander zu erwachen, das ist niemals sein Ding gewesen. Er fühlt sich dabei irgendwie angepatzt, es schmeckt für ihn bitter wie schales Bier.
Paul muss immer öfter gähnen, auch seinem Gegenüber fallen die Augen fast zu, als Anna mit Thorsten im Arm in Richtung Theke wankt.
„Ich glaub, dem geht's nicht so gut", informiert sie Paul.
„Danke. Wir sollten heim", gibt er zurück und macht sich auf, seinen Wirt wegen der Rückfahrt zu suchen. Der überredet schließlich auch Anna und deren Freundin, mit ihm mitzufah-

ren: „Bei mir stehen ohnehin zwei Zimmer frei."
Thorsten wird auf den Beifahrersitz geschnallt, die drei anderen machen es sich auf der Rückbank bequem. Ruhig rollt der Wagen durch die Dunkelheit, aus dem Radio ertönt laute Musik und Anna summt leise mit: „... I was soft inside, there was something going on ..." Paul fühlt, wie sie schwerer wird und in einer Kurve näher zu ihm herübersinkt.
„Sail away with me. To another world. And we rely on each other, ah ha ...", hört er sie noch summen, dann ist sie weg und wird wohl etwas träumen, das mit ihren letzten bewussten Gedanken zu tun hat.

Der Kaffee ist heiß, schmeckt aber nach wenig. „Gasthauskaffee eben", denkt Paul und schlürft lustlos an seinem Getränk. Appetit hat er noch keinen, weil er es gewohnt ist, erst nach der Morgenarbeit etwas zu sich zu nehmen. Unruhig rutscht er auf seinem Sessel hin und her, weil er lieber zu Hause wäre als hier im Frühstücksraum.
„Muss mir von gestern was peinlich sein?", erkundigt sich Anna mit belegter Stimme, als sie durch die Tür tritt. Sie wirkt mitgenommen.
„Was in Vegas passiert, bleibt in Vegas", versucht er es mit einem Scherz.
„Und was wäre das?", will sie zusehends verunsichert wissen.
„Wir sind beide erwachsen", lässt er sie weiter im Unklaren.
„Aber wir waren alle nur müde und sind sofort ab ins Bett."
Sie lässt es sich nicht anmerken, scheint aber froh über die Auskunft zu sein. Ein Lächeln huscht über ihr zerknautschtes Gesicht.
„Darf ich?", fragt sie, sitzt aber ohnehin schon bei ihm am Tisch.
„Endlich. Kaffee."
Mit seinem Blick tastet er ihre Gesichtszüge ab. Immer wenn er sie „sieht", entdeckt er so viel Attraktives an ihr. Ihr Antlitz ist schön, geheimnisvoll und verlockend zugleich. Doch nun sitzt er unmittelbar neben ihr und betrachtet sie zum ersten Mal ganz

genau. Ihr Gesicht ist eigentlich gar nicht wirklich so schön. Es ist etwas kantig, wirkt fast ein wenig grob. „Sie hat etwas Hexenhaftes an sich", fällt ihm dazu unweigerlich ein. Nun blickt sie zu ihm, murmelt irgendetwas, das er, in Gedanken versunken, nur akustisch versteht.
„Ob du dich gut mit meiner Freundin unterhalten hast, wollte ich wissen", wiederholt sie ihre Frage.
„Ja, scheint eh nett zu sein. Und du bist nicht mehr in festen Händen?", fragt er zurück.
„In festen Händen?" Anna lacht lauthals heraus und verschluckt sich fast am heißen Kaffee. „Ich war nie in festen Händen. Aber wenn du ‚ihn' meinst, der wohnt nicht mehr bei mir." Ihre Augen leuchten, doch er erkennt in ihnen auch einen Hauch von Traurigkeit. Und nun sieht sie wieder aus, wie er sie kennt und in Erinnerung hat. Das Gesicht verzaubert ihn, zieht ihn magisch an, lädt zum Anbeißen ein.

Schweiß tropft von Pauls Stirn, der Helm sitzt fest auf ihr und die Motorsäge kreischt. „Die Nachwehen der Nacht", ärgert sich Paul und setzt das Schwert zum Fällschnitt an. Der Jungwald hier ist viel zu dicht, er dünnt ihn jetzt aus, damit der Rest besser wachsen kann und der Gesamtbestand auch stabiler wird. Ein Baum braucht Platz, genau wie er. Und er muss vital sein, um die angestrebten 120 Jahre oder mehr am selben Fleck zu überstehen. Also kommt alles weg, was zu klein, zu schwach oder kränklich ist. Das fällt dann zu Boden, damit es verrotten und seine Nährstoffe freisetzen kann. Im ersten Moment sieht es nach so einer Arbeit wie auf einem Schlachtfeld aus. Die Stammzahl wird auf einen Bruchteil reduziert, am Waldboden liegt alles kreuz und quer. Es braucht Jahre, bis diese Wunde ganz verheilt, doch bald sieht man nichts mehr davon. Dann wird saftiges Grün den Waldboden bedecken, kräftige Stämme werden in den Himmel ragen und die Kronen werden zu einem Dach verwoben sein – das Waldbild, das selbst der forstlich Unkundige liebt.

Paul sieht auf die Uhr. Einen Tank voll wird er noch hinausarbeiten, dann muss er heim. Beim Frühstück haben sie nämlich vereinbart, dass sie Thorsten ausschlafen lassen und Anna ihn später heraufbringen wird. Heute wollen sie beide noch einmal hinaus ins Revier.
Voller Tatendrang und sichtlich bestens gelaunt steigt dieser wenig später bei der Hofeinfahrt aus. Er scheint mit Magdalena auf einer Wellenlänge zu sein, die ebenfalls aus dem Auto klettert.
„Wir kommen heute alle mit, haben wir beschlossen", lädt sich Anna selbst ein, „vorausgesetzt natürlich, das geht."
„In Zweiergruppen, warum nicht?", überlegt Paul laut. Anna hat selbst ein Fernglas dabei, Magdalena borgt er eines von sich. Dann erklärt er Thorsten den Weg. Wenig später pirscht der – viel zu laut schäkernd – mit seinem neuen Schwarm an der Seite los. Paul und Anna werfen sich einen vielsagenden Blick zu, wenig später fahren die zwei noch ein Stück.
„Was willst du schießen?", möchte sie wissen.
„Kommt darauf an."
„Worauf?"
„Wenn, dann junges und weibliches Wild. Davon haben wir mehr als genug."
„Das ist aber gar nicht gendergerecht", lockert sie ihr Gespräch ein wenig auf.
„Ich weiß. Frauen und Kinder zuerst ...", entgegnet er spöttisch.
„Wir steigen dort in der nächsten Kurve aus. Dann müssen wir uns vorsichtig bewegen und dürfen nur noch flüstern. Die Türe bitte leise schließen", weist er sie an.
Im Gänsemarsch folgen sie einem schmalen Wildwechsel, bis sie wenig später zu einem Sitzbrett kommen, das nach vorne hin mit frischem Reisig als Sichtschutz verblendet ist. Er deutet ihr, sich vorsichtig zu ihm zu setzen und weist mit der Hand verhalten in Richtung einiger tief beasteter Fichten, die zwischen mehreren kleinen Blößen stehen.
„Ein Hirsch mit seinem Harem", flüstert er ihr ins Ohr.
„Seh ich."
Das Wild äst ganz vertraut vor ihnen im Bergwald und lässt sich gut beobachten. Die Kälber tollen ab und zu ganz verspielt he-

rum, die Hirschkühe fressen, beobachten, sichern. Der Hirsch geht langsam in die Knie, legt sich nieder.

„Die sind alle ausgepowert und müde, jetzt am Ende der Brunft."

Anna will eine zweideutige Andeutung loswerden, beißt sich aber auf die Lippen. „Hat er die alle gedeckt?", fragt sie schließlich.

„Die, die sich von ihm haben decken lassen. Wenn ‚sie' nicht will, dann kann ‚er' nicht. Und manchmal angelt ‚sie' sich auch einen Jüngeren, wenn der im richtigen Moment zur Stelle ist."

Anna beginnt zu lachen.

„Was?", fragt er.

„Ich hab nur an Magda und Thorsten denken müssen. Das hört sich ähnlich an."

„Bin auch gespannt, ob die was gesehen haben. Wahrscheinlich war bei denen im Hochsitz mehr Brunftbetrieb als auf der Bühne davor", flüstert er grinsend zurück.

„In vielem sind sich Mensch und Tier halt sehr ähnlich."

„Wenn man es so sieht, erklärt das vieles – in beide Richtungen."

„Du meinst, was das hormongesteuerte Verhalten des Menschen und das oft menschenähnliche Verhalten von Tieren betrifft?"

„Wir sind halt näher miteinander verwandt, als viele meinen."

„Und bei manchen fällt die Ähnlichkeit besonders frappierend aus." Beide lachen wissend, verstehen sich.

„Wirst du jetzt etwas schießen?", fragt sie schließlich nach einer Pause.

„Wenn du möchtest, sonst nicht."

„Von mir aus nicht."

Wenig später ist der Moment günstig, denn das Wild bewegt sich äsend in eine andere Richtung. Paul deutet ihr, sie solle sich vorsichtig erheben. Geduckt und ohne zu stören treten beide den Rückzug an.

Als sie später daheim ankommen, ziehen sich Magdalena und Thorsten bald zurück. Sie haben nicht viel gesehen oder einfach

zu wenig auf die Wildtiere geachtet. Die beiden anderen machen es sich mit heißem Tee in der Stube gemütlich. Hin und wieder hört man den Hund, dem es zunehmend schlechter geht.
„Kommst du morgen mit ihm in die Praxis?", fragt sie vorsichtig, doch er schüttelt nur den Kopf, will nicht mehr dazu sagen.
„Er würde auch bei mir nichts mitbekommen", drängt sie ihn weiter, um ihn von der auf ihn zukommenden Bürde zu befreien.
„Ich hab mit Resa schon einen Welpen angeschaut", meint er eher beiläufig dazu. „Es gibt jetzt im Herbst zwar keine große Auswahl, aber einer scheint mir ein zugänglicher Hund zu sein. Ich hol ihn aber erst, wenn Franny weg ist."
Anna legt die Hand auf die seine, will ihm zeigen, wie mitfühlend sie ist, doch seine Hand bleibt ganz starr.
„Magst du noch einen Tee?", lenkt er schließlich vom Thema ab, erhebt sich und schenkt beiden ein.
„Du hast eine wirklich liebe Tochter", hakt sie ein. „Sie hat viel Gespür für Tiere und würde sicher eine gute Tierärztin oder Bäuerin sein."
„Das hat sie."
„Weiß sie, wie es um Franny steht?"
„Ja, weiß sie."
„Wie nimmt sie es auf?"
„Ich glaube, dass sie sich beim letzten Besuch von ihr verabschiedet hat. Für immer. Es ist sicher einige Trauer in ihr, aber sie versteht, dass es manchmal Zeit wird zu gehen."
Wieder legt Anna die Hand auf die seine und sie sehen sich an. Seine Hand fühlt sich nun weich und anschmiegsam an. Beide schweigen. Es gibt nichts, was man in manchen Momenten noch sagen kann.
Minutenlang sind die zwei ganz still, doch Anna fühlt sich sehr wohl. Von ihrem Unterbauch aufwärts hat sie in ihrem Inneren ein angenehm kribbelndes Gefühl. Es war ihr schon im Wald an seiner Seite aufgefallen, dass sie das spürte, obwohl jemand an ihrer Seite war. Sie kennt dieses Gefühl nur zu gut, spielt gerne damit. Sie kann es ganz einfach herbeirufen, wenn sie mit sich alleine ist und zur Ruhe kommt. Manchmal denkt sie an Farben,

die durch ihren Körper strömen, dann einfach an fließendes Licht, das alles von ihr wäscht, was nicht zu ihr gehört. Doch heute ist das Gefühl da, ohne dass sie bewusst etwas dafür getan hätte. Aber auch das ist nicht neu und widerfährt ihr manchmal, beispielsweise wenn sie nach einem Buch greift und mehr darin findet, als sie eigentlich gesucht hat.
„Vielleicht kommt das vom Tee und der Sorge um den Hund", tröstet sie sich selbst und gibt sich dem Pulsieren wonnevoll hin.
„Es ist schon spät", murmelt er dann. „Du solltest da schlafen."
„Ich muss auf meinen Ruf achten", grinst sie ihn an.
„Das Kinderzimmer wäre noch frei", bietet er an und will den Moment nicht zerstören. „Wir sollten nichts tun, was wir morgen bereuen."
„Danke", haucht sie ihm vielsagend ins Ohr, schmiegt sich ein wenig an ihn und er hält sie sanft. Dann stellt sie sich auf die Zehenspitzen und küsst ihn auf die Wange, doch anders, als er das sonst kennt. Es ist kein kalter, formeller Gruß, sondern er rührt sein Inneres so sehr an, dass ihm ein kalter Schauer über den Rücken läuft.
„Gute Nacht", haucht er zurück und weiß, wann es Zeit ist, sich zurückzuziehen.

Als Anna aufsteht, ist es in der Stube schon warm. Es duftet nach heißem Kaffee und sie schenkt sich selbst eine große Tasse voll ein. Die Beine zum Körper gezogen, hockt sie bei Tisch und trinkt Schluck um Schluck.
Die Tür knarrt, er kommt herein, erzählt dies und das.
„Schon lange auf?", fragt sie ihn, doch er hebt nur die Achseln.
„Hast du ...?", deutet sie vorsichtig an. Er nickt stumm und senkt ein wenig den Blick.
„Magst du zum Frühstück ein Ei?"
„Warum nicht."
„Wann musst du los?"
„Eigentlich jetzt."
„Was ist mit Magda?"

„Die findet schon wieder heim", lächelt sie wissend.
„Thorsten muss heute Mittag am Flughafen sein. Dann kehrt hier wieder Ruhe ein."
Als sie losfährt, schaut er ihr nach, bis der Wagen auf halbem Weg ins Tal hinunter im Nebelmeer verschwindet. Paul lehnt am Zaun und hört nichts außer dem gurgelnden Plätschern des offenen Hausbrunnens. Während er seine Blicke übers Tal schweifen lässt, ist er zufrieden. Er sieht nichts von da unten, wähnt sich allein. Er ist froh, nicht in diesen Sumpf hinabsteigen zu müssen. Paul braucht die lärmenden Leute alle nicht, zumindest fast alle. Ihm würde eine Einzige reichen.

Zehnter Akt

Die Welpen folgen der Hündin im Tross und nehmen das
aufgewühlte menschliche Spielzeug in Augenschein.

Gähnend sitzt Paul im Wagen vor der Schule und wartet ungeduldig darauf, dass der Unterricht endlich endet. Er hängt seinen Gedanken nach, als sich die Tür plötzlich öffnet und Theresa ins Auto springt.
„Freust du dich auch schon so auf Kira?", fragt sie ihn sofort, ohne seine Antwort abzuwarten. „Hoffentlich ist sie nicht traurig, wenn wir sie von ihrer Mutter wegholen."
„Sie gewöhnt sich schnell ein, du wirst sehen. Aber wir müssen ihr dabei helfen, indem wir uns gut um sie kümmern", mahnt Paul.
„Mach ich bestimmt", verspricht sie. „Hast du ihr diesen Namen gegeben?"
„Ich? Nein, der Züchter macht das. Ihr voller Name lautet auf Kira vom Koboldschrein. Aber ‚Kira' reicht. Außer, du willst ihr einen anderen Namen geben."
„Kira ist schön. Hast du gewusst, dass manche Hunde bis zu 200 Wörter verstehen oder als Anweisung befolgen können?"
„Also mehr als du?", scherzt er.
„Haha. Und Hunde können sogar am Gesichtsausdruck eines Menschen ablesen, wie es dem geht und was der von ihm will."
„Deshalb mag ich Hunde auch lieber als andere Tiere. Hunde können wie Freunde sein."
„Katzen auch", nutzt Theresa geschickt ihre Chance, um für eine gerechte Verteilung der Attribute zu sorgen.
„Kann sein. Aber du weißt, ich hab eine Katzenallergie", neckt er sie weiter.
„Stimmt gar nicht. Du magst sie nur nicht", gibt Theresa sich beleidigt und schmollt.
„Dort vorne ist schon das Haus", erklärt er wenig später.
„Weiß ich. Ich war ja schon da", raunt sie immer noch ein wenig verschnupft. Doch schon ist der Zwinger zu sehen, in dem vier Welpen um die Hütte tollen.
„Kira, hier!", lockt sie schon während des Hinlaufens ihren neuen Hund.
„Kira, komm! Komm her zu mir!", fleht Theresa nun schon fast, doch die Hunde beeindruckt das nicht. Erst als der Züchter die Tür öffnet und die Hündin zu sich ruft, folgen die Welpen im

Tross und nehmen das aufgewühlte menschliche Spielzeug in Augenschein.
„Welcher Hund ist jetzt deine Kira?", will der Besitzer Theresa nun prüfen.
„Die sind viel größer und lebhafter als beim letzten Mal. Ich glaub, das da ist Kira – oder das?"
„Du hast richtig geraten. Man erkennt sie zumindest am Halsband einwandfrei, das wir ihr letztens gemeinsam angelegt haben. Ja, das ist dein Hund." Der Mann überreicht feierlich die Papiere und dazu ein altes, zerknautschtes, auf dem Boden gelegenes T-Shirt. „Der Geruch ist ihr vertraut. Damit gewöhnt sie sich im Auto und bei euch daheim leichter ein. Vorausgesetzt natürlich, du kümmerst dich gut um sie." Theresa nickt ganz gerührt und versichert, ihr Bestes zu tun.
„Ach ja", fällt es dem Züchter noch ein, „eine Impfung wäre in den nächsten Tagen noch fällig, aber das kann auch der örtliche Tierarzt erledigen."
Dann baut Theresa aus dem T-Shirt im Auto ein Nest und steigt mit ihrem neuen Vierbeiner ein. Erschöpft kuschelt sich dieser hinein und entspannt sich.

In Gedanken versunken tippt Magdalena etwas in ihren Computer, Anna steht am Fenster und sieht einer flackernden Lampe beim Scheinen zu. Jetzt erst fällt ihr auf, wie zufrieden sie gerade ist. Sie ist hellwach und in ihrem Inneren kribbelt es angenehm. Es ist erneut dieses Gefühl, das sie bewusst herbeirufen kann, das sich dann und wann aber auch von selbst in ihr einstellt, das wie eine innere Richtschnur für sie ist: dieses Gefühl, dem sie vertraut.
Das Klingeln des Telefons reißt sie aus ihren Gedanken. „Magda, gehst du bitte ran", ersucht sie ihre Mitbewohnerin, doch die murmelt nur etwas vor sich hin. Beim fünften Klingeln seufzt sie und greift selbst zum Telefon.
„Entschuldigung. Ich weiß, es ist schon spät."
„Hey. Brauchst du was?"

„Ich hab mit Resa gerade den Welpen geholt und gesehen, bei dir ist noch Licht. Der sollte die nächsten Tage noch eine Impfung bekommen. Ich wollte nur bitten, dass du die bestellst."
„Ist sie mit?"
„Wer?"
„Ja, die Theresa."
„Sie und der Hund."
„Ich komm runter in die Praxis. Ich bin mir ziemlich sicher, dass ich genug Impfstoff auf Vorrat habe."
Ein Handgriff in die richtige Schublade reicht, um das Gesuchte zu finden. Gleich darauf öffnet sich auch schon die Tür.
„Danke, dass du uns hereingelassen hast", begrüßt Paul sie.
„Ausnahmsweise", sieht sie ihn ein wenig strafend an, weil er sie aus ihrer Versenkung gerissen hat. „Wo ist nun unser Patient?" Doch als sie Theresa mit dem spielenden Welpen im Arm sieht, gewinnt der Mutterinstinkt in ihr Oberhand.
„Ist der lieb. Und so knuffig. Wie heißt der denn?"
„Kira", verkündet Theresa stolz.
„Also eine Sie?"
Triumphierend lächelt die Kleine ob ihrer weiblichen Übermacht im Raum.
„Dann lenken wir die junge Dame ein wenig ab und ich impfe sie schnell. Sie wird nicht viel spüren", weist Anna die anderen ein – und ohne ein einziges Winseln ist es vorbei.
„Wo wird sie bleiben? Bei dir oder am Hof?"
„Bei mir und ich bei ihr am Hof", wünscht sich Theresa laut.
„Zumindest, wenn keine Schule ist", fügt Paul erklärend hinzu.
„Also doch wieder fix eine Frau am Hof", spottet Anna.
„Was die sich alle für Sorgen machen", wundert sich Paul und tut so, als ob das Gesagte nicht an ihn gerichtet gewesen wäre.
„Ist ja nur Spaß", lenkt Anna ein, weil sie das Gefühl hat, den Finger in eine offene Wunde gelegt zu haben. „Wenn ich darf, schau ich am Sonntag vorbei und bring für euren Welpen noch was mit."
Obwohl sich Paul gerade noch ein wenig über sie geärgert hat, kann er ihrem Charme nicht widerstehen. Am liebsten würde er ihr sein Herz ausschütten und ganz nah bei ihr sein. Doch er

reißt sich zusammen, bezahlt, dankt und geht.
Anna schließt die Tür hinter den drei Besuchern ab, wäscht sich die Hände und kämmt sich das Haar. Da spürt sie es plötzlich wieder, dieses seltene, vertraute Gefühl.
„Das muss Zufall sein", redet sie sich ein. „Er und ich – das glaub ich nicht."

Nachdem Anna sich im Bett schon länger hin- und hergewälzt hat, blickt sie auf die Anzeige der Uhr: „01:20 Uhr, nein!" Sie versucht erneut zu schlafen, doch es wird nichts daraus. Gedanken kreisen durch ihren Kopf, ihr Puls pocht in Bauch und Hals. Sie zählt mit. Gefühlsmäßig sind das deutlich mehr als 60 Schläge in der Minute – zu viel für diese Tageszeit. Nach einigem Hin und Her steht sie auf, leise genug, um Magda nicht zu stören. Sie richtet sich eine Tasse lauwarmen Tee und hockt sich auf ihre Couch.
„Musik", ist ihr erster Gedanke, aber sie hat darauf gar keine Lust.
„Etwas lesen." Doch dafür ist sie zu träge und klickt sich unwillig durchs weltweite Netz. Dann fällt ihr Blick auf die App, die sie schon länger nicht mehr verwendet hat.
„Sag mir etwas Vernünftiges, bitte!", fleht sie das elektronische Werkzeug förmlich an.
„Alles hat Ursache und Wirkung. So etwas wie Zufall gibt es nicht."
„Ernsthaft? Und für so blöde Kalendersprüche bezal ich auch noch", beschimpft sie die App und legt das Ding zur Seite. Sie nuckelt weiter an ihrem Tee und denkt an die Erlebnisse der letzten Tage. Unwillkürlich kommen ihr Paul, Theresa und der Welpe in den Sinn – und die alte Hündin, die nicht mehr ist.
„Sie müssen beide getrauert haben, gehen aber gut damit um", ist sie sich sicher, und dann fällt ihr ein, dass es Trauerphasen gibt, die in der Literatur beschrieben sind: Nicht-wahr-haben-Wollen, Emotionen, Loslassen und Neuanfang. Und die drei waren jetzt offenbar bei ihrem Neuanfang.

„Nicht wahrhaben wollen, dass es keine Zufälle gibt? Dass doch nicht alles vorherbestimmt und man Opfer des Schicksals ist? Dass alles auf Ursache und Wirkung beruht und es einen Grund dafür gibt, dass ich einen Draht zu ihm hab?" Anna läuft bei diesen Gedanken die Gänsehaut den Nacken hinunter und sie hat Angst. Doch nicht die Art von Angst, die sie hat, wenn sie allein im Wald unterwegs ist oder von etwas Furchtbarem träumt, sondern die Art von Angst, die sie befällt, wenn sie den Schwangerschaftstest in Händen hält oder mit dem Lottoschein zur Annahmestelle geht: „Was, wenn es wahr ist? Wenn sich mein Leben ab jetzt völlig ändert?" Es schaudert sie immer noch, jetzt braucht sie Musik.

Anna nimmt die Kopfhörer und vernimmt den rhythmischen Klang einer ihr bekannten Melodie: „What startet out as friendship has grown stronger, I only wish I had the strength to let it show ..." Anna spürt, wie sich in ihrem Hals ein Kloß bildet und sich Tränen in ihren Augenwinkeln sammeln. „I can't fight this feeling anymore, I've forgotten what I started fighting for ..." Dicke Tränen kullern über ihre Wangen, als sie Schritte neben sich wahrnimmt.

„Traurig?"

„Nein, Magda. Glücklich ..."

Dann fallen sich die beiden um den Hals und schluchzen herzerweichend.

Der Hund liegt verloren und zusammengekauert in seinem Bettchen, als Paul den Vorraum betritt. Nun winselt er und wedelt mit dem Schwanz. Paul spricht ihm zu, lockt ihn und setzt ihn vor der Tür ins Gras, damit dieser seine Notdurft verrichten kann.

„Brav, Kira, so ist's brav", lobt er ihn. Theresa schläft noch, und so bettet er auch den Hund wieder in sein Körbchen, der davon aber nicht viel wissen will. Er zieht und zerrt an Pauls Socken, will unterhalten werden. Als er ihm schließlich etwas vom Erstlingsfutter anbietet, beruhigt sich der Hund.

Paul tritt erneut vor die Tür und lässt seine Blicke schweifen: durch die Dunkelheit, in die Wolken, und er lauscht dem Gesäusel des Windes. Er ist noch unentschlossen, aber es zieht ihn hinaus an einen Platz, zu dem er selten geht. Es ist steil dort und gefährlich, doch heute will er dorthin. Er zieht sich warm genug an und nimmt seine Ausrüstung mit, nur das Nötigste. Dann fährt er noch vor dem Einsetzen der Dämmerung los. Das letzte Stück des Weges fährt er schon ohne Licht, weil er den Forstweg bereits erahnen kann. Geräuschlos steigt er aus und erklimmt einen verborgenen Steig. Ein Kauz ruft, sonst ist es still.
Paul geht zügig, aber nicht so schnell, dass er außer Atem kommt oder schwitzt. Gespannt lauscht er in den Wald hinein, schnuppert und späht. Vor ihm kommt ein verwittertes Kreuz zum Vorschein. Davon gibt es hier nicht wenige, für jeden Bergunfall eines. Gleich daneben liegt ein massiver Felsblock, der ist Pauls Ziel. Er breitet seinen Umhang als Unterlage aus und lässt sich dort nieder.
Nun spürt er, wie der Wind von vorne über sein doch ein wenig erhitztes Gesicht hinwegströmt.
„Passt", denkt er, so bleibt er unbemerkt.
Langsam wird es immer heller, doch nichts bewegt sich. Auch er ist ganz ruhig und sieht einzelne Gedankenfetzen ziehen.
„Sie ist hübsch, gewiss, doch eigentlich gar nicht mein Typ", sinniert er sodann. „Warum aber zieht sie mich wie ein Magnet magisch an?"
Paul kann es sich nicht recht erklären, denn sie reizt ihn gar nicht so sehr als Frau als vielmehr auf irgendeine geheimnisvolle andere Art.
„Vielleicht bin ich einfach schon alt", räumt er vor sich selber ein. „Vielleicht bilde ich mir das auch alles nur ein." Doch er kann nicht anders, als weiter an sie zu denken. Er stellt sich vor, wie sie vor ihm steht, wie er ihre Hand nimmt, sie nah an sich heranzieht und sie liebevoll küsst. Dann fährt er mit der Zunge über seine trockenen Lippen, sieht sie ganz klar vor sich und küsst sie noch einmal. Er seufzt und schüttelt den Kopf darüber, wie verrückt das doch ist.
Plötzlich zuckt er zusammen, weil sich nicht weit vor ihm et-

was bewegt. Eine Hirschkuh mit ihrem Kalb kommt langsam von rechts. Er greift zu seinem Gewehr, konzentriert sich und zielt. Er trifft das Kalb gut. Durch die Wirkung des Hochleistungsgeschoßes sackt es augenblicklich bewusstlos zusammen und haucht wenig später sein Leben aus. Die Hirschkuh springt erschrocken zur Seite, doch auch sie sinkt nach wenigen Sätzen ins Gras. Nun wartet Paul noch eine Zeitlang leise und versteckt, damit er kein anderes Wild unnötig stört. Dann muss er die beiden Körper in dem unwegsamen Gelände bergen, was ziemlich anstrengend ist. Knappe zwei Stunden später weidet er sie erschöpft, aber zufrieden im Schlachtraum aus, säubert sie und hängt sie an einen Haken, damit das Fleisch reifen kann. Von den körperwarmen Innereien schneidet er ein paar hauchdünne Streifen ab, damit der Hund davon fressen kann.

Am übernächsten Morgen ist es das erste Mal so richtig reifig in diesem Jahr und Paul befüllt den Fressbereich der Rinder mit konservierten Gräsern und Kräutern. Eine Weile werden sie jetzt tagsüber noch die Weide nutzen können, doch bald wird der Winter Einzug halten, und die schönere Jahreszeit für Vieh und -halter ist für mehrere Monate vorbei.
Am Vormittag häutet, entbeint und portioniert Paul das Fleisch des Hirschwildes von vorgestern. Er hat schon ein paar seiner Kunden informiert, die sich in den nächsten Tagen die davon vorbestellte Ware holen werden. Die Fleischabfälle sowie die Innereien kocht er für die Katzen und den Hund, der inzwischen ganz begeistert mit einem ausgelösten Schulterknochen spielt. Einen Teil der Leber nimmt er mit in die Küche, für den Fall, dass er sie später noch braucht. Die Fleischabschnitte von den Edelteilen und kleinere Muskeln, für die der Markt kaum Bedarf hat, friert er ein. Sie bilden die Basis für die Rohwürste, die seine Tochter so mag.

Theresa und ihr kleiner Kobold tollen ums Haus. Der Welpe hat sich in den wenigen Tagen schon sehr gut eingelebt und die Umstellung bestens überwunden. Er kommt zwar noch nicht auf Zuruf, will aber immer in der Nähe seiner neuen Wahleltern sein.

Ein heulender Motor verrät, dass Besuch im Anmarsch ist. Es gibt eigentlich nur eine Person, die Paul erwartet, und der Fahrstil könnte ihrer sein. Paul ist noch damit beschäftigt, das inzwischen erkaltete Futter in maulgerechte Stücke zu schneiden, doch in Gedanken ist er schon bei ihr. „Kommt sie nun wirklich schon meinetwegen?"

„Hallo, jemand daheim?", hört er schließlich eine Frauenstimme rufen.

„Hier im Schlachtraum." Die Tür öffnet sich. „Hallo. Du bist auch mit? Lange nicht gesehen."

„Auch mit, trifft es nicht so ganz."

„Hmmh?"

„Anna hat mich gebeten, zu euch heraufzufahren, weil sie es dir versprochen hat."

„Fehlt ihr was?"

„In gewisser Weise schon, aber ..." Magdalena überlegt, wie sie sich ausdrücken soll. „Ihr fehlt nicht wirklich etwas, aber sie ist irgendwie durch den Wind und hat spontan beschlossen, dass sie fortfahren will. Deshalb hab ich sie am Vormittag zum Flughafen gebracht und nun ist sie weg."

„Für länger?"

„Möglich. Jedenfalls vertrete ich sie so lange in der Praxis, zumindest im Kleintierbereich. Und sie hat mir etwas für euch eingepackt. Ist Theresa auch da?"

„Irgendwo oberm Haus mit dem Hund."

„Da wäre ein Stärkungsmittel – selbst gebraut. Ich soll Theresa zeigen, wie die Anwendung geht. Und für dich, Paul, hat sie dieses Päckchen mitgeschickt."

„Für mich?", wundert der sich und begutachtet das liebevoll eingepackte und mit bunten Schleifen verschnürte kleine Geschenk. Er nimmt es an sich und fühlt sein Gewicht. Es duftet.

„Hast du schon gegessen?"

„Eigentlich nicht."
„Magst du Kalbsleber?"
„Rind?"
„Hirsch."
„Ja, gerne."
„Geröstet oder paniert?"
„Paniert bitte, wenn das keine Umstände macht. Davor sprech ich aber mit deiner Kleinen über diese Arznei."
Paul trägt sein Geschenk behutsam ins Haus. Er wird es später öffnen. Dann schneidet er die Leber in Scheiben, wälzt sie in Mehl, Ei und Bröseln, versenkt sie im heißen Fett. Als es schon angenehm duftet, nähert sich kichernd sein Damenbesuch. Die zwei scheinen sich gut zu verstehen. Magda ist ja auch eine nette Person, netter eigentlich, als er es bei ihrem ersten Zusammentreffen für möglich gehalten hätte.
Während die drei bei Tisch sitzen und sich angeregt unterhalten, fährt ein weiteres Auto vor. Schwungvoll springt die Tür in die Wohnküche auf.
„Grüß dich. Sabine", stellt sie sich selbst, der anderen am Tisch die Hand reichend, vor.
„Freut mich. Magda."
„Hallo, ihr zwei", begrüßt sie auch ihre Tochter und ihn, zieht die Augenbrauen nach oben und blickt ihn fragend an.
„Die neue Kollegin von Anna. Sie hat nach unserem neuen Familienmitglied gesehen." Da kann Theresa nichts mehr auf der Sitzbank halten. Sie stürmt hinaus und kommt mit dem Welpen am Arm zurück. „Darf ich vorstellen: Das ist die Kira." Und von da an dreht sich alles nur noch um das liebesbedürftige, tollpatschige kleine Ding.
Doch irgendwann wird es Zeit, Abschied zu nehmen. Es ist schon spät und längst finster. Widerwillig und unter lautstarkem Protest reißt sich Theresa daher notgedrungen von ihrem neuen Spielkameraden los und steigt zu ihrer Mutter in den Wagen. Nur Magdalena macht keine Anstalten, auch fahren zu wollen. Als die beiden alleine sind, rekelt sie sich vor Paul, legt den Kopf zur Seite und fährt mit ihrer Hand gewinnend durch ihr wallendes Haar.

„Du musst nicht gleich antworten, aber ich hätte einen Wunsch. Ich will heute nicht alleine in Annas Wohnung bleiben. Darf ich mich vielleicht bei dir hier heroben vorübergehend einquartieren?"

Elfter Akt

Er und sie – das bringt sie durcheinander.
Sie will das nicht, kann das nicht. Sie muss weg.

Für Anna ist es, als hätte sie ihr Gleichgewicht verloren. Von einer Minute auf die andere erlebt sie Hochgefühle und dann wieder Niedergeschlagenheit. Er und sie – das bringt sie durcheinander. Erst neulich vor dem Erwachen hat sie so intensiv von ihm geträumt, als wäre er der ersehnte Ritter, der den dornenbewährten Festungswall rund um sie niederreißt und sie im Anschluss mit einem heilbringenden Kuss voller Hingabe aus der lähmenden Niedergeschlagenheit erweckt. Doch kurz bevor sie seine Lippen auf den ihren spüren konnte, hat sie sich von ihm abgewandt, um noch ein wenig im Dämmerschlaf weiterträumen zu können.

Sie will sich jetzt an niemanden binden, weder an ihn noch an sonst irgendwen. Doch wenn sie, wie versprochen, nun auch noch zu ihm, dem kläffenden Fellknäuel und dem aufgeweckten Mädel hinaufgefahren wäre, hätte sie kraftlos aufgegeben und wäre wohl für immer geblieben. Sie will das nicht, kann das nicht. Sie muss weg.

Nun sitzt sie in der Abflughalle und wartet darauf, dass das Boarding beginnt. Die Auswahl für Kurzentschlossene war sehr bescheiden, nun ist sie unterwegs zu einer ihr unbekannten Destination auf einem fremden Kontinent. Dort will sie fürs Erste bleiben, bis sie zur Ruhe kommt und weiß, was sie eigentlich will.

Nun endlich bewegt sich etwas. Sie reiht sich in die Menschenkette ein, folgt ihr die Gangway hinauf, steigt ein.

„Fenstersitz, danke", denkt sie erleichtert. Sie mag es, auf die Strukturen unter ihr zu blicken, die beim Höhersteigen immer mehr an Bedeutung verlieren. Es ist ähnlich, wie wenn sie in den Bergen ist, weg von allen Pflichten und Sorgen, entrückt und mit sich selbst allein.

Der Flug dauert lange. Es ist eng hier zwischen diesen Sitzen, sodass man die Beine kaum ausstrecken kann – von erholsamem Schlaf ganz zu schweigen. Als das Flugzeug endlich landet, sieht sie müde und mitgenommen aus. So fühlt sie sich auch.

Mit ihrem Tramperrucksack in der Hand erkundigt sie sich nach Bus oder Zug, um das gebuchte Resort zu erreichen. Sie sieht Polizei und Armee, die draußen hektisch patrouillieren, dann endlich bekommt sie die gewünschte Information: Bis morgen steckt sie hier in der Flughalle fest.

Das hat sie sich anders vorgestellt und gehofft, heute noch Sand und Meer auf ihrer Haut spüren zu können, mit einem Glas in der Hand der Sonne beim Sinken zuzusehen und dann in tiefen, erlösenden Schlaf zu fallen. Stattdessen muss sie nun hier zwischen Menschenmassen in der unwirtlichen Halle sitzen und dösen und geduldig darauf hoffen, dass wenigstens morgen etwas passiert.

„Ich werde Magda Bescheid sagen", denkt sie und kramt in den Taschen nach dem Mobiltelefon. Wi-Fi wird angezeigt, ist aber gesperrt, also ruft sie bei ihr spätabends noch an.

„Hallo?", meldet sich eine Männerstimme am anderen Ende der Leitung.

„Paul?", fragt sie ganz verdutzt. „Entschuldigung, ich muss mich verwählt haben. Ich wollte nur der Magda was sagen."

„Die schläft."

„Die schläft?"

„Soll ich sie wecken?"

Für Anna bricht eine Welt zusammen. Jetzt ist sie erst wenige Stunden weg und schon schläft sie bei ihm? Und er? Ist er denn auch so einer, der keine Einzige von seiner Bettkante stößt?

Anna ist fassungslos, fühlt sich betrogen und leer.

Spät in der Nacht tut sich doch noch etwas. Die Reiseveranstalter haben es offenbar geschafft, ein paar Taxis zu organisieren. In einem davon findet Anna Platz. Als sie endlich bei der Unterkunft ankommen, zeigt sich bereits ein Silberstreif am Horizont. Nicht mehr lange, und die Sonne wird aus dem Meer emporsteigen, die Welt um sie erwärmen und dem Tag ein neues Gesicht geben. Sie checkt schnell ein und geht barfuß zum Strand.

„Es ist so still hier", merkt Anna nun. Die kleinen Wellen rau-

schen und ergießen sich über den Strand, über ihre Füße, die Beine, die Haut. Bis übers Knie herauf spritzt manchmal die Gischt, während sie an der Brandungszone entlangwandert. Am Ende der Bucht findet sie einen massiven Felsblock, der vom Wasser kahlgewaschen ist. Daran lehnt sie sich und blickt in das langsam stärker werdende Licht. Eine leichte Brise zerzaust ihr das Haar, der erste Sonnenstrahl küsst ihr Gesicht. Plötzlich fällt vieles von ihr ab, was sie mit sich getragen hat, und sie fühlt sich gut.
Tief atmet sie die noch kühle Meeresluft ein und wieder aus, spürt den feuchten Sand auf ihrer Haut. „Es ist schön hier. Gut, dass ich geflogen bin", weiß sie jetzt ganz gewiss, schlendert zufrieden zurück in ihr Heim, legt sich nieder und schläft.

Es ist kalt, als Anna erwacht. Die Klimaanlage surrt und es friert sie. Sie schaltet das Gesurre ab und öffnet die Tür, woraufhin eine Woge aus geschäftigem Lärm und drückender Hitze in ihr Zimmer schwappt. Mehr aus Gewohnheit denn aus Interesse greift sie nach ihrem Telefon. Auf ihrer Anrufliste leuchtet es mehrstellig rot. Sie hat auch eine ganze Menge Textnachrichten erhalten und noch etwas: „Magda hat dir ein Bild gesandt", doch das ist das Letzte, was Anna jetzt sehen will.
Es muss halber Nachmittag sein, doch Anna ist völlig k.o. Unentschlossen erkundet sie, was es in diesem Resort alles gibt. Am liebsten wäre ihr jetzt eine große Schale mit lauwarmem Tee. Nur gerade das kann sie nicht finden und gibt sich mit einem Espresso zufrieden. Hunger hat sie keinen, eigentlich auch auf sonst überhaupt nichts Lust. Der Strand ist zu voll, die Bucht von einem Zaun eingegrenzt, der Schutz und Sicherheit gewährleisten soll. Doch er schränkt auch ein, versperrt Anna den Weg. Also tut sie, was naheliegend ist, und setzt sich an eine Bar.
„Wenn ich schon sie nicht verletzen oder bestrafen kann, dann wenigstens mich", gibt sie sich entschlossen und bestellt ein hartes Getränk. Sie stürzt es hinunter, spürt, wie es brennt. Gegen den Horizont hin, wo am Morgen erst ein Silberstreif gewesen

ist, tummeln sich jetzt Massen von Menschen. Die heiße Luft flirrt. Die Musik überdeckt die Stille und irgendetwas stinkt.

Anna öffnet die Augen, orientiert sich, doch die Umgebung ist ihr fremd. Ihr Kopf dröhnt und sie hat Durst. Etwas lastet schwer auf ihrem Bauch, ihr ist schlecht. Als sie sich erhebt, weiß sie, warum. Es ist ein Arm. Links und rechts von ihr auf dem Doppelbett liegt jeweils ein junger Mann. Auf dem Boden liegt auf einem Schlafsack noch ein weiterer. Sie selbst ist unvollkommen bekleidet, aber immerhin. Auf Zehenspitzen will sie nun fliehen.
Klirrend fällt eine leere Flasche um. Doch keiner der Schlafenden bekommt davon etwas mit. Sie schleicht weiter durch den abgedunkelten Raum, öffnet die Tür nur einen Spalt breit und schlüpft hinaus. Die Sonne blendet, die Luft ist zum Schneiden. Anna wird speiübel. Sie wischt mit dem Handrücken über ihren Mund und hastet davon. Auch in ihrem Zimmer ist es unangenehm heiß. Sie legt sich wie ferngesteuert auf ihr Bett und schläft ein.
Als sie erwacht, steht die Sonne schon tief. Sie blickt an die Decke und versucht, sich zu erinnern. „Bar. Schnaps. Die Jungs. Wir wollten schwimmen, aber es war so unheimlich kalt." Mehr fällt ihr nicht ein.
Später geht sie nach draußen, schlendert an der Bar von gestern vorbei. Dort sitzen die drei und sind sichtlich vergnügt. Einer entdeckt sie und winkt zu ihr her. Mit seinen Armen macht er Gesten, die wahrscheinlich etwas mit Schwimmbewegungen zu tun haben sollen. Anna winkt scheu zurück und geht weiter. Sie will gar nicht wissen, was er damit meint. Am Strand ist es schon ruhiger, und sie kauert sich hin, sodass keiner sie sieht. Die Musik dröhnt immer noch laut, doch das Rauschen des Meeres hält ein wenig dagegen. Sie schämt und ärgert sich über sich selbst. Wäre sie doch nur zuhause geblieben! Aber nun ist sie da und kommt zwei Wochen lang nicht mehr weg. Also muss sie lernen, damit umzugehen.

„Danke!" Magdalena drückt Paul fest an sich und verabschiedet sich.
„Gern geschehen, bis später dann", erwidert er ihr. „Hier ist der Schlüssel, falls ich nicht da bin. Du weißt ja Bescheid."
Als sie weg ist, kleidet sich Paul fertig an und fährt in den Wald. Es ist inzwischen kalt genug, um mit der Holzernte zu beginnen. Er parkt den Traktor mit ausreichend Sicherheitsabstand und umkreist dann zu Fuß einen mächtigen Baum. Seine Äste hängen weit ausladend in eine Freifläche hinein. „Das wird nicht leicht", denkt er und schaut sich alles ganz genau an. Am Stammfuß sind zahlreiche dunkle Flecken zu sehen und es riecht nach verdorbener Milch. Er weiß, was das heißt. Also startet er seine Motorsäge und räumt zuerst das Unterholz auf. Schließlich schneidet er eine Kerbe in den dicken Stamm, sichert ihn mit dem Seil vom Traktor aus und spannt dieses so stark wie möglich an. Vorsichtig beginnt er, den Trennschnitt zu setzen, spürt und hört, wie der Baum raunzt und ächzt. Ein wenig neigt er sich schon nach vorne. Noch einmal geht er zum Traktor und spannt das Seil weiter an. Und wieder geht er zum Stammfuß und vertieft den Schnitt. Dann plötzlich spürt er die letzten Holzfasern brechen, der Baum fällt krachend um.
„Perfekt", lobt Paul sich selbst, weil die Jungbäume auf der angrenzenden Freifläche nicht zu Schaden gekommen sind. Dann sägt er Ast für Ast ab und zerteilt den Stamm transportgerecht. Nur das erste Stück lässt er im Wald. Es ist innen ganz modrig und hohl und bietet nichts, was man verkaufen könnte. So wird es vor Ort weiter modern, bis es eines Tages gänzlich zersetzt und zerfallen erneut in den Kreislauf alles Lebendigen integriert sein wird.
Das Rundholz vom Stamm lagert er entlang des Weges und arbeitet Baum für Baum weiter fort. Bevor es dämmrig wird, fährt er heim, und schon von weitem sieht er, dass das Haus erleuchtet ist.
„Eigentlich schön, dass es ihr bei mir so gefällt", freut sich Paul,

verstaut sein Werkzeug, zieht vor dem Haus noch die Schutzkleidung aus und tritt ein. Dort empfängt ihn schon Kira voller Ungeduld. Nun hat er Zeit für sie und widmet sich ihr.

Entspannt liegt Anna in der Sonne, ist glücklich wie lange nicht mehr. Sie genießt die Strahlen, die sie wärmen und durchdringen. Sie spürt deren Kraft bis in jede ihrer Zellen hinein. Es überwältigt sie, doch noch hat sie nicht genug. Sie öffnet sich weiter, gibt sich immer mehr hin, bis es ihr auf einmal unheimlich erscheint. Sie hat jetzt genug, doch die Sonne scheint weiter und immer weiter in sie hinein. Sie will aufstehen, aber sie kann nicht, sie fühlt sich wie gelähmt. Sie will ihre Hand oder wenigstens einen Finger heben, doch jeder von ihnen fühlt sich an, als sei er unendlich schwer. Es ist, als würde sie in die Sonne hineinfallen, und sie setzt sich zur Wehr. Doch je mehr sie sich wehrt, umso schneller fällt sie, umso tiefer sinkt sie hinein. Nun sieht sie genau hin. Es ist gar nicht die Sonne, die sie so wärmt. Was sie für einen himmlischen Moment gehalten hat, zeigt nun sein wahres Gesicht. Es ist dunkel hinter all dem Licht. Und diese dunkle, kraftvolle Macht hat sie fest in ihrer Gewalt.
Anna wird panisch, will rennen und fliehen, doch sie hängt fest. So sehr sie sich auch abmüht, es hilft alles nichts. Mit aller Kraft kämpft sie dagegen an, aber sie kann nicht entfliehen. Ihr ist, als hätte ihre letzte Stunde geschlagen, nur ist es dafür noch zu früh. In ihrer Not beginnt sie, um Hilfe zu flehen. Zuerst tut sie das blindlings, doch dann kanalisiert sich ihr Tun. Sie nimmt all ihren Mut zusammen und hört auf, sich zu wehren.
„Gut. Dann stelle ich mich dir", spricht sie die zerrende Finsternis an und spürt, wie sie Hilfe bekommt. Es ist die Hilfe, um die sie gefleht hat. Anna ist dankbar und spricht ein Gebet. Dabei spürt sie, wie sie ihre Kraft zurückbekommt und das Dunkel zerrinnt. Sie hat immer noch ganz weiche Knie, doch die Zuversicht gewinnt weiter Oberhand. Schließlich ruht sie wieder ganz in sich, hat das Böse besiegt. Sie bedankt sich für die erhaltene Hilfe – und öffnet die Augen.

Anna kennt diesen Traum. Es ist nicht das erste Mal, dass sie der Versuchung erlegen ist, in dieses verführerisch strahlende Licht einzutauchen. Und wenn sie gewahr wird, dass sie auf einer falschen Fährte ist, kommt sie davon nicht mehr so einfach los. Es hält sie, fesselt sie, saugt sie förmlich aus. Es ist, als würde diese Macht versuchen, ihre Seele mit Gewalt aus ihrem Körper herauszuziehen. Und diese dehnt sich, gibt nach, bis sie den Ernst der Lage erkennt und mit letzter Kraft einen Ausweg findet. Für sie besteht dieser meist aus einem Gebet, das sie als Kind schon geliebt hat. Es ist einfach und kraftvoll, und durch Zufall ist es ihr eines Tages wieder in den Sinn gekommen.
„Davonlaufen hilft mir nicht. Was immer auf mich zukommt, dem muss ich mich stellen." Anna ist siegessicher wie selten zuvor. „Mein Leben! Ich stelle mich dir", spricht sie ihr Schicksal jetzt an. „Ich bin stark. Ich bin behütet. Ich werde getragen. Ich stelle mich dir. Ich allein hab Macht über mich." Und Anna spürt, wie das Schicksal ihr zustimmt: „Ja, geliebtes Kind. Du bist behütet. Und du allein hast Macht über dich."

Zwölfter Akt

Es liegt nur wenig Schnee, aus dem verdorrte Grasbüschel
ragen. Lautlos erscheint vor ihnen plötzlich ein Reh.

„Wie geht es Kira?", fragt Theresa neugierig am Telefon.
„Sie wird jeden Tag größer – und frecher. Kommst du wieder einmal herauf und siehst nach ihr?"
„Mama will aber nicht extra nur wegen ein paar Stunden so weit fahren."
„Wir könnten Magda fragen, vielleicht nimmt sie dich mit. Aah ...", Paul stöhnt.
„Hast du was?"
„Nur mein Nacken."
„Hexenschuss?"
„Ist weit und breit keine Hexe da."
„Ja, spotte nur. In meinem Zimmer steht ein Tiegel mit Murmeltiercreme. Hat mir Anna geschenkt. Sie hat gesagt, das hilft auch beim Menschen, nicht nur beim Vieh."
„Ja, wenn sie das sagt."
„Glaub uns, das hilft."
„Okay, ich werd das versuchen. Schlaf gut. Dann halt bis irgendwann."
„Tschüüß", und Theresa legt auf.
„Warum nicht?", denkt Paul und holt sich tatsächlich ein wenig von der Arznei, streicht sich etwas davon auf den Nacken und hüllt sich in seinen warmen Schlafrock ein. Dabei fällt ihm etwas Wichtiges ein.
Auf seinem Nachttisch liegt ein noch immer verpacktes Geschenk. Er nimmt es in beide Hände und riecht daran. Dann löst er die Knoten der Schlaufen und entfernt das Papier. Der Duft ist jetzt stärker und in seinen Händen hält er ein Buch. Es schaut nicht neu aus, sogar etwas zerlesen. Darin es steckt ein gar nicht dazupassendes Lesezeichen. Es ist erdfarben und weich, wahrscheinlich gefilzte Wolle, und es ist ein wenig verziert. Anna muss ihm einen Duft verliehen haben, den er nicht kennt. Er ist nicht aufdringlich wie manches Frauenparfum, sondern sehr angenehm. Ein wenig erinnert er ihn an die Räucherstäbchen, die er aus einem Naturladen kennt, in den er gelegentlich Teile seiner Ernte liefert. Ihm gefällt das Lesezeichen und er mag den Geruch. Paul liest Bücher dieser Art eigentlich nie: über Schamanen. Aber Anna hat es für ihn liebevoll eingepackt und ihm ge-

schenkt, also blättert er darin. Er findet Kapitel über Stimmen in der Natur, über das Eintauchen in eine andere Welt. Es geht um Tanzen und Trance sowie um Leben und Tod. Paul ist schon schläfrig und gähnt, als ihn eine Passage im Text förmlich anspringt: „Jagdzauber: Bevor die Jungen des Stammes zur Jagd ausgesandt werden, tanzt der Schamane, trommelt und singt. Wenn er den Zustand der Trance erreicht, wird er ganz still. Er hört in den Wind hinein, späht nach dem Licht. Er deutet das Ziehen der Wolken, ruft die Jäger zu sich und spricht, denn er weiß jetzt, wo die Beute steht, deren Zeit nun gekommen ist. Er reinigt die Jäger mit dem Rauch von duftendem Kraut, dann segnet er sie, auf dass der durch sie töten möge, der auch sie einst töten wird."

„Wow!", denkt Paul und legt das Buch beiseite. „In einem anderen Leben, in einer anderen Zeit wäre ich gern so ein Schamane gewesen." Dann rollt er sich auf die Seite, denkt an Anna und würde sich gerne für das Geschenk erkenntlich zeigen. „Wie es ihr wohl geht?", überlegt er und stellt sich vor, wie Anna an einem Strand in der Sonne liegt. In Gedanken beugt er sich über sie und haucht ihr ein „Danke" ins Ohr.

Sich allem im Leben zu stellen, kann mitunter schmerzhaft sein. Deshalb zögert Anna ein wenig, bevor sie sich ansieht, was von daheim alles bei ihr angekommen ist. Die meisten Nachrichten beziehen sich auf ihren Beruf und sind hier, wo sie doch sowieso nicht eingreifen kann, bedeutungslos. Das Bild von Magda hebt sie sich bis zum Ende hin auf.

„Hab mich jetzt bei ihm oben einquartiert. Kann's kaum erwarten, dass mein Schatz endlich kommt. HDL." Und das Bild zeigt eine fröhlich lachende Magda und im Hintergrund den Blick übers Tal.

Anna ist nicht in der Stimmung zu bewerten, was sie da sieht.
„Jeder ist selbst dafür verantwortlich, was er in seinem Leben tut. Sie wird schon sehen, wohin sie das führt." Sie ist selbst erstaunt über die Gelassenheit, die sich nun bei ihr eingestellt hat.

Und es ist ihr egal, dass aus der herzensguten Magda, die sie so lange kennt, nun ein abgebrühtes Luder geworden ist. Und sie selbst, ist sie so blind für alles um sich herum, dass ihr das gar nicht aufgefallen ist, wo sie doch meint, gerade in solchen Dingen so etwas wie einen sechsten Sinn zu haben?

Anna fühlt sich hellwach und öffnet die Tür. Es ist lau und ruhig. Die meisten hier schlafen jetzt, nur ein paar Wenige, die von gestern noch übrig sind, reden und lachen zu laut. Ungesehen schreitet sie zum Strand. Die Wellen haben bereits alles weggewaschen, was auf die Geschäftigkeit, die hier tagsüber herrscht, hinweisen würde. Am liebsten würde sie schnurstracks der Küste folgend weiterwandern, aber der Zaun ist immer noch da. Ihn zu überschreiten, davon hat man ihr dringend abgeraten, in Zeiten wie diesen, als Frau, nachts, allein. Doch gehen, laufen und fliehen ist ohnehin nicht das, was sie eigentlich beabsichtigt. Sich selbst kann sie überall und jederzeit finden, wenn sie nur will.

Aufrecht sitzend, an einen großen Felsblock gelehnt, blickt Anna in ihr Inneres. Sie flutet es mit Farben und Energien aller Art. Das geht ihr nun wieder sehr gut von der Hand, weil sie die letzten Tage und Stunden viel Zeit damit verbracht hat, sich darin zu üben. Vom Scheitel bis zu den Zehen lässt sie abwechselnd jenen Schimmer pulsieren, der ihr gerade in den Sinn kommt. Am Ende bedankt sie sich bei all den Schwingungen und Farben, die ihr so guttun, und auch bei allem anderen, das ihr dazu einfällt.

„Danke, Magda, du warst mir immer eine gute Freundin", gesteht sie ihr zu und ist selbst überrascht über ihr neutrales Gefühl.

Dann betrachtet sie sich als Rosenbusch, wie sie das gerne tut. Sie gießt ihre Wurzeln, streicht über die frischen Triebe und Blätter, saugt den Duft ihrer Blüten ein. Dabei fallen einige Blütenblätter ab, die scheinen welk geworden zu sein.

Auf einmal sieht sie Paul vor sich, wie er sich über sie beugt, sodass sie Panik bekommt. Sie hat das Gefühl, er könne sie erdrücken, wenn er auch nur noch eine Handbreit näherkommt, doch dann zieht er sich wieder zurück und ist fort.

Anna schüttelt sich und steht auf. „Das war jetzt irritierend und fesselnd zugleich. Er war es", doch es hat sich fast angefühlt wie diese dunkle, an ihr zerrende Macht, der sie nicht nachgeben will.
Anna geht in Richtung Meer, bis das Wasser über ihre Hüften schwappt. Sie benetzt ihren Körper damit und reinigt sich. Dann schließt sie erneut ihre Augen und formt aus dem Licht des bläulich schimmernden Meeres um sich herum einen Schild, er alles abhält, was nicht gut für sie ist.

Die Haut zwischen ihren beiden Daumen knetend, massiert Magda Pauls Nacken. „Es soll nicht weh tun, nur beleben." Dann nimmt sie noch etwas von der Creme und knetet vorsichtig weiter, bis diese eingezogen ist. „Das sollten wir öfter tun."
„Fühlt sich gut an", dankt ihr Paul und streift sein Hemd über.
„Musst du heute nicht in die Praxis?"
„Doch, am Vormittag schon. Aber das schaffe ich rechtzeitig."
„Geht sich das mit Theresa auch aus?"
„Ja, ich hol sie von der Schule ab. Zurückbringen musst du sie am Abend dann selbst. Bei mir wird es spät. Bis ich da bin, schläfst du sicher schon."
„Hast du eigentlich einmal was von Anna gehört?"
„Geht nicht ran. Vielleicht kein Empfang. Und du?"
„Nein, wieso auch? Ich hab nur gestern an sie denken müssen, als ich in dem Buch von ihr gelesen hab. Bei dem Anruf letztens hat sie so schnell aufgelegt, ich hab mich noch gar nicht für das Geschenk bedankt."
„Die Gelegenheit wird schon kommen, wo du das nachholen kannst", versichert ihm Magda und schaut ihn dabei an, als wüsste sie etwas, das sie ihm jetzt noch nicht sagen kann. „So, aber jetzt muss ich los."
Das Wetter ist unwirtlich feucht und kalt, außerdem tut Paul immer noch alles weh. Er versorgt sein Vieh, spielt mit dem Hund und geht zurück in sein Bett. Als er aufwacht, regnet es immer noch und der Wind treibt dicke Nebelfetzen an den Fenstern

vorbei. Er steht auf, blickt hinaus und findet, es riecht fast schon nach Schnee. Also legt er sich wieder ins Bett und blättert im Buch. Dort liest er etwas über die Anderswelt: „Der Schamane senkt demütig sein Haupt und fragt, ob er eintreten darf ...", und das wundert Paul. Er hat gedacht, dass sich der Mensch ohnehin stets genommen hat, was immer er braucht.
Als Magda schließlich vorfährt, hat sich das Wetter beruhigt. Die Luft ist kalt, und höher am Berg liegt tatsächlich schon Schnee. Auch Theresa ist es zu kalt draußen. Deshalb zieht sie es vor, mit dem Hund drinnen zu spielen. Am halben Nachmittag aber zieht es Paul hinaus in den Wald. „Wollt ihr mit?", fragt er Theresa.
„Ja, warum nicht."
„Warm genug anziehen. Für den Hund nehmen wir auch eine Decke mit."
Die drei fahren ein Stück mit dem Wagen und folgen dann zu Fuß einem Weg, der sie zu einem gut gedeckten Unterstand bringt. Es liegt nur wenig Schnee, aus dem verdorrte Grasbüschel ragen. Trotz der kristallklaren Luft klingt alles gedämpft. Völlig geräuschlos erscheint vor ihnen plötzlich ein Reh. „Weiblich, wahrscheinlich eine junge Geiß", erklärt Paul und deutet dem Hund, still zu sein. „Wir warten noch, ob es allein ist oder ein Kitz mit sich führt." Wie sich zeigt, ist das Reh allein, und Paul nimmt es mit.
Dem Hund gefällt dieses neue Spiel, auch Theresa hat Freude daran.
„Darf ich es ausweiden?", bittet Theresa.
„Wenn du willst. Aber das machen wir erst daheim."
Allmählich wird es dunkel. Paul trägt den Wildkörper in den Schlachtraum und hält ihn so fest, dass Theresa die Schnitte setzen kann. Mit Akribie durchtrennt sie chirurgisch sauber, was es zu durchtrennen gilt, betrachtet die Organe und separiert sie.
„Das Herz sieht gar nicht aus wie ein Herz", diagnostiziert sie.
„Das Herz entspricht nicht der Herzform, ich weiß", bestätigt auch Paul. Dann schneidet sie ein paar schmale Streifen von der Rehleber ab und gibt sie dem Hund, der diese mit seinen spitzen Erstlingszähnen genussvoll zerkaut.

Als alles versorgt ist, bringt er Theresa ins Tal. „Kommst halt wieder einmal", bietet er an und bittet zugleich.
„Bestimmt. Tschüüß."
Später am Abend ist das Haus ungewöhnlich leer. Paul hört sich um, obwohl er ja weiß, dass niemand da ist. Nur der Hund und er. Und der Hund ist satt, müde, zufrieden – im Gegensatz zu ihm. Es verlangt ihn nach etwas, doch er kann nicht sagen, wonach. Schließlich geht er zu Bett und denkt wieder an sie. Doch diesmal beschwört er ihr Gesicht nicht herauf, um es klar vor sich zu sehen. Er fragt sie gedanklich erst um Erlaubnis, bevor er das tut.

„Hab den Rückflug storniert. Bleib noch etwas hier. Wie geht es mit Paul und dir? In der Praxis auch alles okay?" Anna will Klarheit und braucht noch ein wenig Zeit, deshalb sendet sie Magda diese Nachricht. Sie fühlt sich erholt, doch noch nicht ganz genesen. Es ist ihr, als hätte sie eine schwere Krankheit überstanden, das Fieber wäre endlich weg und sie stünde erstmals auf. Sie fühlt sich weiterhin schwach und verletzlich, deshalb schont sie sich noch für die kommende Zeit.
Durch ihren für ein Urlaubsparadies untypischen Tagesrhythmus hat sie mit den Gästen fast gar keinen Kontakt, kennt jedoch einige Leute vom Personal. Die fremde Sprache ist zwar eine große Barriere, doch mit Händen und Füßen verständigt sie sich. Eine reifere Frau ist ihr besonders zugetan. Sie scheint eine der Floristinnen zu sein und arbeitet geschäftig vor ihrer Veranda.
Anna geht zu ihr, grüßt und schaut ihr zu. Die Alte deutet ihr, sie dürfe ihr helfen, und so hilft sie beim Gießen und Pflegen. Anna empfindet es als angenehm, hier in der Erde zu wühlen, vertrocknete Blätter einzusammeln und für das Wohl der Blütenpracht mit verantwortlich zu sein. Als sie zu einem Rosenstock kommen, der gerade ungewöhnlich viele Blütenblätter verliert, die in ihrem blutigen Rot verstreut am Boden liegen, ist Anna unschlüssig, was sie tun soll. Die Alte deutet ihr, das zu

ignorieren und nur die Blätter zusammenzukehren. Anna gestikuliert fragend, hält sich die Arme vor den Bauch und krümmt sich, als sei sie krank. Die Alte lächelt sie an und schüttelt den Kopf. Sie nimmt ihrerseits die Arme vor ihren Rumpf, doch so, als ob sie ein Baby wiegen würde – und Anna versteht. Urplötzlich schießen ihr Tränen in die Augen, im Bruchteil einer Sekunde hat sie begriffen, was es hier zu begreifen gab: „Blüten wollen zu Früchten werden." Zustimmend nickt die Alte und nimmt Anna tröstend in ihren Arm. Dann deutet sie etwas auf ihrer Uhr und in Richtung der Rezeption. Eine Einladung zu ihr, wenn Anna denn will.

Nach einem fruchtigen Frühstück greift Anna erneut zum Telefon.
„Paul sehnt sich nach dir, aber er gibt es nicht zu. In der Praxis läuft alles. Mit Thorsten ist es toll." Und dahinter hat Magda eine ganze Reihe von Herzen angehängt.
„Ist er bei dir?", fragt sie zurück.
„Ganz nah bei mir", antwortet Magda und schickt Feuerwerke mit.
„Freu mich für dich. HDL." Magda schickt nur ein paar strahlende Gesichter zurück.
„Deshalb", dämmert es Anna. Allmählich wird ihr klar, warum vieles während der letzten Tage so widersprüchlich gewesen ist. Anna blickt auf die Uhr, es ist noch recht früh. Bevor der große Ansturm kommt, geht sie noch rasch zum Strand, lehnt sich an ihren Felsen und öffnet sich für Farben, Töne, Gerüche und Licht. Dann sucht sie nach Magda. „Ich vergönne dir von Herzen dein Glück", flüstert sie ihr zu und küsst ihr die Stirn.
„Und er?", überlegt sie – und da ist er auch schon. Eine mächtige Präsenz hüllt sie ein, doch nicht ganz. Es ist seine Signatur, zweifelsfrei. Doch heute hält er sich nobel zurück. Er scheint zu verstehen.

Als der Hund winselt, merkt Paul, dass er verschlafen hat. Die innere Uhr der Tiere funktioniert einwandfrei, und so muss er sich beeilen, damit auch das Vieh im Stall zufrieden ist. Als er sich später zum Frühstück setzt, ist im Nebentrakt noch alles still. Von Magda und Thorsten ist nichts zu hören.
Paul streift seine Schutzausrüstung über und fährt in den Wald. Unterwegs hält er und wirft den Rest der Rehinnereien in einen Graben, dort sieht sie kein Mensch. Sie dienen kleineren und größeren Waldbewohnern als Nahrung und lösen sich damit rasch auf. Im Sommer geht es zwar schneller, weil die Kleintiere aktiver sind, aber auch jetzt werden diese organischen Reste bald wieder Teil des Waldes geworden sein.
Es ist kühl heute, eine angenehme Arbeitstemperatur. Paul stellt seine Zugmaschine quer zur Wegachse ab, klettert mit dem Seil über die steile Böschung hinunter und fixiert daran den Teil eines Stammes, mit dem er sich das letzte Mal schon abgemüht hat. Denn diesen zwischen Felsblöcken und Baumstrünken nach oben zu ziehen, geht mitunter außerordentlich schwer.
Danach steigt er nach oben, rastet dann und wann ab, damit er nicht außer Atem kommt. Dabei steigt ein galliger Geruch in seine Nase. „Ein Fuchs wird beim Rest meiner Jause gewesen sein und seine Markierung gesetzt haben", mutmaßt Paul und wirft die Maschine an. Das massive Stahlschild der Seilwinde bohrt sich in den Boden, als er Gas gibt und zieht. Das Bankett des Forstweges ist locker und noch nicht gefroren, deshalb muss er die Augen offen halten, sonst liegen Mann und Maschine beim Holz statt das Holz hier auf dem Weg. Aber es schaut gut aus, das erste Stück hat die Stirnseite des Stammes ihren Weg zwischen den Hindernissen hindurch bereits gefunden. Doch knapp unterhalb der Wegböschung steckt er nun fest. Vorsichtig entspannt Paul das Seil, nimmt eine Umlenkrolle mit und steigt hinunter zur Last. Als er diese umhängen will, gibt plötzlich der Untergrund nach und der Stamm rutscht ruckartig zurück. Paul springt auf die Seite – es ist nichts passiert.
„Das Leben ist halt gefährlich hier in den Bergen", heitert Paul sich selbst auf, denn es ist eine kalkulierbare Gefahr. Es gibt statistische Werte, bei welcher Menge geernteten Holzes im Durch-

schnitt ein Mann ums Leben kommt. Das hat er sich einmal für seine erwartbare Lebensleistung hochgerechnet. Da liegt die Wahrscheinlichkeit, selbst im Wald umzukommen, bei etwa 1:150. „Wenn er dich holen will, holt er dich", tröstet sich Paul und denkt nicht mehr weiter daran. Denn das ist ja die einzige große Gemeinsamkeit alles Lebendigen, dass das Leben endlich ist.

Als der große Stamm schließlich am Lagerplatz liegt, ist Paul trotzdem erleichtert. Den restlichen Tag geht die Arbeit relativ flott voran. Er fällt einen Baum nach dem anderen, entfernt die Äste, längt den Stamm passend ab. Dann seilt er das Holz nach oben und schichtet das Astmaterial dort, wo es ihm im Weg ist, auf Haufen. Das erleichtert ihm im Steilgelände die Arbeit und der Wald bleibt begehbar, auch für das Wild. Besonders die Wildwechsel, die meist quer über den Hang führen, räumt er gewissenhaft frei, denn er mag es, wenn sich das Leben im Wald frei entwickeln kann.

Als er am Abend heimkommt, ist das Haus hell erleuchtet. Magda muss ihn gehört haben, denn sie kommt ihm entgegen, ihren Thorsten im Arm. „Dürfen wir dich zum Essen einladen?"

„In deinem eigenen Haus", ergänzt Thorsten schelmisch.

„Schön, dich zu sehen. Ich zieh mich nur um. Wann darf ich kommen?"

„Wenn du so weit bist, wir haben Zeit." Dabei blickt sich das Paar innig an und Paul lässt es allein.

Bald darauf duftet es verführerisch im ganzen Haus und Paul klopft an die Verbindungstür zum Nebentrakt.

„Komm herein, bitte nimm Platz!", hört er Magda sagen. Dann setzen sich alle zu Tisch und speisen gemeinsam.

„Dass du Magdalena hier vorübergehend wohnen lässt – und mich natürlich auch –, ist sehr großzügig von dir", bedankt sich Thorsten.

„Nicht der Rede wert. Wie es scheint, hast du eine sehr unkomplizierte Frau, zumindest soweit ich es beurteilen kann. Und es gibt ohnehin ausreichend Platz. Bist du eigentlich nur wegen Magda hier oder willst du auch einmal jagen gehen?", prüft ihn Paul jetzt. Da sehen sich die zwei wieder innig in die Augen,

lehnen sich eng aneinander und geben sich einen flüchtigen Kuss.
„Nur wegen Magda. Ich verstehe. Dann lass ich euch zwei am besten allein."
„Ein Foto noch", fordert Magda. „Lächeln! Jetzt darfst du gehen."
Als Paul sich später mit vollem Bauch in sein Bett legt, dauert es nicht lange und er sinkt in erholsamen Schlaf.

Auf einem Motorroller chauffiert die alte Floristin Anna weg vom Resort, über holprige Straßen bis in ein Dorf. Dort steht ein sehr schlichtes Häuschen, das recht gepflegt wirkt. Zahlreiche Zierpflanzen schmücken das Heim, doch wo es möglich ist, ist Gemüse gepflanzt. Die Alte bittet Anna ins Haus und führt sie stolz herum, zeigt auf Fotos, erklärt dies und das und verschwindet plötzlich durch die Hintertür. Als Anna nicht folgt, kehrt sie zurück und zerrt sie mit sich. Unter einem rankenden Weinstock steht eine hölzerne Bank, auf die sie sich setzen solle, deutet die Alte bestimmt, aber freundlich an. Dann geht sie erneut, kramt irgendwo und kommt mit Gefäßen zurück, darin brüht sie frischen Tee. Jetzt nimmt sie Anna an der Hand und führt sie durch ihr Reich, das aus zahlreichen ganz kleinen Beeten besteht, in denen die verschiedensten Kräuter gedeihen. Sie drängt Anna, diese zu berühren, da und dort ein Blatt abzuzupfen und es zwischen den Fingern zu zerreiben, damit sie ihr ganzes Aroma einsaugen kann. Einiges davon kennt Anna, denn sie verwendet es auch selbst. Doch vieles ist ihr vollkommen unbekannt. Deshalb inhaliert sie die Düfte ganz tief wie bei einer Aromatherapie, nur dass diese Düfte noch frisch und lebendig sind.
Die Alte scheint zufrieden über Annas Reaktion und bittet zu Tisch. Der Tee scheint fertig zu sein. Er ist nicht mehr heiß, riecht aber verführerisch – und so schmeckt er auch. In alter Gewohnheit hält Anna die Tasse in beiden Händen, wie zum Gebet, ganz vorsichtig nippt sie daran. Da bemerkt sie, dass sich noch je-

mand zu ihnen gesellt hat, es scheint die Tochter der Alten zu sein.

„Mina", stellt sie sich vor, dann unterhalten die zwei Frauen sich.

„Du wunderschön Frau, sagen Mama", übersetzt sie mit deutlichem Akzent und ignoriert, dass Anna verlegen wird.

„Haben groß Herz, sagen Mama." Anna ist peinlich berührt, doch die Alte legt beide Hände fürsorglich auf ihre und zwinkert ihr mit Mitgefühl zu.

„Du viel allein in Resort. Du nicht glücklich?" Anna kämpft mit den Tränen. Sie überlegt zwar, was fremde Leute das angeht, aber sie nickt unweigerlich.

„Du wollen sein Mama Gast?"

Anna weiß nicht recht, wie ihr geschieht. So war ihr Urlaub zwar nicht geplant, aber der Flug ist ohnehin schon storniert und sie hätte sich womöglich eine neue Bleibe suchen oder ihren Aufenthalt dort, in all dem Trubel, verlängern müssen.

„Danke. Ich fühle mich sehr geehrt", sagt Anna gefasst. „Wenn ich darf, bleibe ich gerne. Und wenn ich darf, helfe ich gerne."

„Was können du, Frau?"

„Arbeit mit Tieren. Doktor für Tiere." Die Tochter übersetzt und ein Lächeln huscht über das Gesicht der Alten. Dann besprechen sie etwas.

„Tee gut?"

„Sehr gut, danke."

„Wenn fertig, Mama zeigen dir was."

Anna will austrinken, doch die Frau winkt ab. „Nicht Eile. Haben Zeit."

„Der Tee ist gut. Was ist das?", will Anna jetzt wissen.

„Nicht denken, nur trinken! Mama sagen, ist gut für jung Frau." Anna wird schläfrig und gähnt. Die beiden anderen machen es sich in ihren Lehnstühlen bequem und werden ebenfalls ganz still.

Als Anna später zu sich kommt, steht die Sonne schon tief und die Alte ist fort. Ihr ist unwohl zumute in diesem kleinen Haus an dem fremden Ort, deshalb ruft sie verhalten. Die Tochter meldet sich von draußen: „Gleich machen Essen."

„Eigentlich sollte ich zurück ins Resort."
„Mama sagen, haben Zeit. Mama später was zeigen." Also bleibt Anna nicht viel übrig, als zu warten, bis die Alte wiederkommt, doch das dauert. Irgendwann ist sie endlich zurück und es wird Essen serviert: ein würziger Gemüseauflauf, wie es scheint.
„Was schauen wir an?", fragt Anna beim Essen gespannt.
„Sehen morgen. Heute schon spät."
„Haben Zeit", vervollständigt Anna den Satz, „ich weiß." Dabei weiß sie selbst nicht, warum es sie drängt, wo sie ohnehin nichts zu tun hat und auch nicht viel tut. Doch eigentlich wollte sie ihr Leben selbst in die Hand nehmen, und da passt ihre momentane Situation nicht wirklich ins Bild.
Später weisen die Frauen Anna eine Liegestatt zu und gehen offenbar ebenfalls zu Bett. Es ist ganz ruhig hier, aber Anna liegt noch lange wach. Sie ist zu aufgewühlt, um einschlafen zu können, auch konzentrieren kann sie sich nicht. Sie wälzt sich auf ihrem Lager hin und her und hängt den Gedanken nach, die durch ihren Kopf geistern. Schließlich wacht sie auf, ist sich aber nicht sicher, ob sie überhaupt ein Auge zugemacht hat. Doch es ist draußen hell. Leise und vorsichtig steht sie auf und sieht sich um. Das Haus scheint leer zu sein, deshalb geht sie nach draußen in den Hinterhof und betrachtet den Kräutergarten, als sie hinter sich eine Stimme hört: „Mama arbeiten Resort. Kommen bald."
Anna nimmt all ihre Geduld zusammen und beschäftigt sich weiter mit den Kräutern, deren Form, Farbe und Duft sie regelrecht in den Bann ziehen. Wenig später ist die Alte ganz plötzlich tatsächlich da und deutet Anna, sie möge sich fertigmachen und zu ihr auf den Roller steigen. Langsam tuckern die beiden einen Schotterweg entlang. Als Anna ein schwerer, süßer Duft in die Nase steigt, hält die Alte an. Sie stehen vor einem mit Schlichtsteinmauern umfriedeten Feigenhain, an dessen Bäumen vollreife Früchte hängen. Ein Teil liegt schon zermatscht am Boden und wird von Insekten umschwärmt. Die Alte schiebt ein verrostetes Eisentor zur Seite und bittet Anna hinein. Dann beginnt sie, die Feigen zu ernten und Anna tut es ihr gleich. Als die mitgebrachte Kunststofftasche voll ist, winkt die Alte er-

neut und Anna folgt ihr bis unter das Blätterdach. Hier steigt ihr plötzlich ein anderer Geruch in die Nase, tranig und scharf. „Ziegen?", fragt Anna, doch die Alte versteht sie ohnehin nicht. Sie lächelt nur und geht weiter voran, bis sich die Bäume lichten und sie vor einer kleinen Herde stehen. Die Ziegen kommen sofort angelaufen und betteln frech um etwas, das die Alte ihnen gibt – altes Brot offenbar. Der Geruch ist jetzt ganz intensiv und Anna blickt sich um. Auf einem quergewachsenen, massiven Ast ruht der Bock und beobachtet, was sich bei seinem Völkchen so tut.

Doch die Alte zerrt Anna immer noch weiter bis zu einem anderen Dorf, wo auf dem Feld einige Männer arbeiten. Die Alte wird von ihnen ehrfürchtig begrüßt, dann gestikuliert sie in Annas Richtung. Die weiß nicht ganz, was sie von ihr will, aber allmählich dämmert es ihr: „Söhne von dir?"

Anna will weg, aber die Alte ziert sich, lädt sie weiterhin freundlich ein. Anna wird sehr energisch, und schließlich sieht es die Alte ein, führt sie zurück zu den Ziegen, den Feigen und schließlich zum Haus. Dort spricht sie mit ihrer Tochter. „Mama sagen, Sohn gutes Mann. Du bleiben?" Aber Anna will nur noch weg, schlägt zu Fuß die vermutete Richtung ein und geht allein zurück zum Resort. „Da bin ich falsch. Ich will wieder heim!"

Dann summt es wieder durch ihren Kopf: „... In my life there's been heartache and pain. I don't know if I can face it again. Can't stop now, I've traveled so far, to change this lonely life." Doch diesmal klingen weder Verzweiflung noch Sehnsucht in diesen Zeilen mit, es ist eher wie eine Forderung, ein Gelübde an sich selbst: „I wanna know what love is. I want you to show me – und zwar jetzt!"

Dreizehnter Akt

Seine Wahrnehmung wird immer klarer.
Vor ihm steht eine Frau mit langem, wallendem Haar,
die in einen zerfließenden Umhang gehüllt ist.

Der lange Rückmarsch hat Anna gutgetan. Schritt für Schritt ist sie sich dabei sicherer darüber geworden, dass sie hier nicht länger bleiben will. Doch wo soll sie hin?

Als erstes nimmt sie einen Computer in der Lobby in Beschlag und sucht dort nach den nächsten Abflugterminen von ihrem Standort aus, kann hierzu aber keine Angebote finden. Danach erkundigt sie sich bei der Rezeption, wie man am besten von hier wegkommen kann. Den Rückflug hat sie ja storniert, was auf jeden Fall gut war, weil so aller Termindruck von ihr genommen ist. Sie will jetzt ihren eigenen Weg gehen, auch wenn das bedeutet, dafür mehr Zeit zu brauchen, als unbedingt nötig wäre.

„Sie können hier keinen Rückflug buchen", erklärt ihr der junge Herr in der weißen Uniform.

„Ist mir schon klar. Ich möchte ja nur zu einem Reisebüro oder am besten gleich direkt zum Flughafen, damit ich dort einen Rückflug buchen kann. Wie komme ich da am besten hin?"

„Sie verstehen nicht. Sie können hier überhaupt keinen Flug buchen, weil hier nur Chartermaschinen landen, die von den Reiseveranstaltern beauftragt worden sind. Wenn Sie kein Ticket haben, bekommen Sie auch keines."

„Autsch", denkt Anna, denn das hat sie nicht erwartet, und grübelt über Alternativrouten nach.

„Zug?", fragt sie dann.

„Übers Meer? Sorry, da fährt kein Zug. Sie können versuchen, ein Schiff zu nehmen, das Sie in Richtung Ihrer Heimat bringt, und am Festland in einen Zug steigen."

Anna lächelt erfreut. Eine Schiffsreise würde ihr jetzt sicherlich guttun. „Entspannt am Oberdeck liegen, mir etwas Leckeres servieren und mich vom Seegang ganz sanft wiegen lassen. Das ist sicher eine herrliche Sache."

Der Mann an der Rezeption teilt Annas Begeisterung jedoch nicht: „So eine Seereise ist sehr beschwerlich und mitunter gefährlich. Das ist nicht die beste, aber wahrscheinlich die einzige Option. Außer ..."

„Außer was?"

„Außer Sie finden jemanden, der Sie in seinem Privatjet mitnimmt."

Anna schüttelt entschieden den Kopf. Nein. Jetzt, auf ihrem Weg in die Unabhängigkeit, will sie sich nicht schon wieder von jemandem abhängig machen. Das ist für sie keine Alternative.
„Wie komme ich zum Hafen?"
„Morgen am Abend fahren zwei Taxis zum Flughafen. Da könnten Sie bis zum Hafen mitfahren. Wenn Sie Glück haben, legt um 21 Uhr eine Fähre in Ihre Richtung ab. Soll ich ein Ticket für Sie reservieren?"
„Ja, bitte."
Mit gemischten Gefühlen geht Anna in ihre Unterkunft. Aus Gewohnheit nimmt sie ihr Handy und spielt damit herum.
„Magda hat dir ein Bild gesandt", steht da. Sie klickt die Nachricht an und sieht Magda in Thorstens Armen, daneben Paul. Sie schauen glücklich aus.
Ist er es, zu dem sie will? Anna weiß es nicht. Sie weiß nur, was sie nicht will – glaubt sie jedenfalls.
Allmählich wird es am Strand ruhiger, und Anna will auf jeden Fall noch einmal dort hinaus, nicht nur, weil es ohnehin ihr letzter Abend hier ist. Sie gibt sich gar keine Mühe mehr, ungesehen an den Leuten mit ihren Drinks vorbeizukommen. Anscheinend interessiert sich hier sowieso jeder nur für sich selbst. Als sie dort ankommt, setzt sie sich jedoch nicht zu ihrem Stein, wie sie es meistens getan hat, sondern sie streift ihr Strandtuch ab und wagt sich ins Meer. Für ihren Geschmack ist es immer noch zu kalt, doch sie überwindet sich und geht weiter, bis das Spritzwasser der Wellen ihre Hüften benetzt. Dann macht sie schnell, taucht tief ein und schwimmt. Da es sehr ruhig und sie mutterseelenallein ist, dreht sie sich auf den Rücken und streckt sich ganz durch, sodass ihre Körpervorderseite die Wasseroberfläche durchbricht. Mit langsamen, kraftvollen Zügen bewegt sie sich fort, auf die untergehende Sonne zu. Unzählige Reflexionen färben den halben Ozean dunkelorange und in der Verlängerung der niedersinkenden Glutscheibe spiegelt sich diese bis zu Anna her wie ein ganz intensiver Strahl. Anna hört auf zu schwimmen und richtet sich so aus, dass sie genau im gespiegelten Strahl zu liegen kommt. Sie muss nicht viel tun, um über Wasser zu bleiben. Sie streckt

nur alle Gliedmaßen von sich, doch bewegt diese kaum, und sie krümmt den Rücken so, dass der halbe Unterleib aus dem Wasser ragt. Dann atmet sie tief und langsam, saugt das dunkle Orange dieser Sonne ein, verbindet sich mit ihm. Fast reglos liegt sie da in all dem schimmernden Licht und spürt trotz der Kälte im Wasser, wie es in ihrem Inneren zu kribbeln beginnt. Von der Hüfte aufwärts fühlt sie sich frei und unendlich weit. Nur weiter oben, gegen den Kopf hin, schnürt etwas das Pulsieren in ihr ab und lässt es nicht durch. Sie versucht, diese Blockade mit Atemübungen zu lösen, das Orange zu zwingen, auch durch den Rest ihres Körpers zu fließen – vergeblich, es stößt dort auf Widerstand.

Nun ist die Sonne endgültig weg und Anna friert. Ihre Finger fühlen sich ganz taub an, denn sie ist sicher unterkühlt. Also wendet sie und schwimmt zurück zum Strand. Dort hüllt sie sich in ihr Badetuch und kauert sich zusammen, um die Kälte zu vertreiben, aber sie erwärmt sich nicht mehr und stakst fröstelnd zurück in ihr Zimmer. Sie legt sich ins Bett und rollt sich ganz zusammen. Allmählich wird ihr wärmer und sie kann die verkrampfte Haltung nach und nach lockern. Während sie bewusst einen Muskel nach dem anderen entspannt, merkt sie erst, wie verkrampft sie eigentlich gewesen ist. Doch nun ist sie wieder zufrieden mit sich und fühlt sich genauso weit offen wie draußen im Meer. Noch einmal ruft sie das dunkle Orange zu sich und ersucht es, ihren ganzen Körper zu durchfluten. Das gelingt gar nicht schlecht, macht sie jedoch müde. Bevor sie einschläft, denkt sie noch einmal an das Erlebte zurück und sieht Magda an der Seite der beiden vor sich. Anna weiß, dass das Unsinn ist, trotzdem schwindelt sie sich gedanklich in das Bild dazu, drängt sich zwischen Magda und Paul, lehnt sich an ihn und atmet erleichtert aus. Im nächsten Moment ist sie weg.

Nach dem Essen muss Paul kurz eingenickt sein, doch jetzt ist er wach. Er greift neben sich aufs Bett, aber da ist niemand. Dabei ist ihm, als wäre hier jemand gewesen, als hätte sich jemand an ihn geschmiegt. Schon beginnt die Erinnerung zu zerrinnen, nur ein klein wenig spürt er sie noch, diese warme, zarte Haut auf der seinen.

Paul hat selten so reale, fast greifbare Träume, oder zumindest erinnert er sich so gut wie nie daran.

„Zu schwer gegessen", lautet seine einfache Erklärung. Er steigt aus dem Bett, schwankt gähnend zum Wasserhahn und trinkt einen großen Schluck. „Und zu viel Rotwein getrunken", denn sein Herz schlägt rasend schnell. Der Körper ist bleischwer, deshalb geht er wieder zu Bett, wälzt sich ein paarmal um sich selbst und setzt sich schließlich halb auf. Er schaltet das Licht ein und greift nach dem Buch, das noch immer auf seinem Nachttisch liegt. Er blättert darin, bis er etwas findet, das ihn im Moment sehr interessiert: ein Liebeszauber. Eigentlich glaubt Paul ganz und gar nicht an solche Sachen und er kann es kaum fassen, dass er so etwas trotz allem gerade liest. Doch die Zeilen ziehen ihn so sehr in ihren Bann, dass er nicht aufhören kann.

„Als der Schamane erkannte, dass es an der Zeit war, für sich eine Frau zu erwählen, reinigte er sich äußerlich. Dann stieg er hinab in seine Innenwelt, aus der er alles entfernte, was nicht an ihm haften sollte. Er verwarf alle Gedanken, Gefühle und Erwartungen, die er mit Frauen in Verbindung brachte, bis seine Innenwelt völlig leer war. Dann sah er zu, wie sich vor ihm aus Erde und Feuer das Wesen formte, nach dem er auf der Suche war. Schließlich öffnete sich sein Herz und er empfing ein inniges Gefühl von Geborgenheit. Das war der Schlüssel, an dem er sie einst erkennen würde."

Als Paul das gelesen hat, blickt auch er in seine innere Welt. Dabei kommen ihm tausend Gedanken, Gefühle und Erwartungen in den Sinn, die er mit Frauen in Verbindung bringt. Der Raum ist nicht leer, im Gegenteil, er platzt fast aus allen Fugen. Und wenn er dabei zusieht, welche Frau vor seinem inneren Auge entsteht, ist diese nicht aus Erde und Feuer, sondern aus Fleisch und Blut. Wenn er sie ansieht, erkennt er die Sanftheit von Sabine, die Wildheit von Birgit, das Hexenhafte von Anna und viele andere Nuancen, die ihn an alle möglichen Frauen und sogar ein wenig an sich selbst erinnern.

Und das Gefühl inniger Geborgenheit? Als er sich darauf konzentriert, wird die Wahrnehmung klarer und vor ihm steht eine Frau mit langem, wallendem Haar, die in einen zerfließenden Umhang gehüllt ist. Er kann ihr Gesicht nicht erkennen, doch sie hat Augen, durch die er abgrundtief in sie hineinblicken kann. Es ist, als könnte er ihre Seele fassen. Es ist, als würde er in ihr versinken und sie verschlingen zugleich.

„Träume, nichts als Träume", diszipliniert Paul sich jetzt selbst. Doch da er nicht schlafen kann, steht er auf und mistet seinen Kleiderschrank aus.

Im Stall meldet sich das Vieh und Paul erwacht. Es ist schon spät, er muss hinaus. Doch zuerst ist der Hund dran, der seine morgendlichen Streicheleinheiten einfordert. Paul ist verkatert und fühlt sich nicht wohl. Beim Füttern des Viehs denkt er an gestern zurück. Das Ausmisten der Schränke hat ihm irgendwie Spaß gemacht, er will damit später weitermachen, wenn seine Vierbeiner alle zufrieden sind.

Beim Füttern stellt sich wider Erwarten nicht die gewohnte Ruhe ein, das kommt Paul verdächtig vor. Außerdem ist noch genügend Futter vom Vortag übrig, das kann also nicht das Problem sein. Als erstes schaut sich Paul das Tränkbecken an, weil dieses ein Schwachpunkt in dem System ist. Es wurde zwar speziell für Rinder gefertigt, aber es hält diesen nicht Stand, wenn die mit einem Lebendgewicht von bis zu knapp einer Tonne, beim Stier sogar mehr, mit ihren Häuptern und Leibern daran schieben und reiben. Doch heute ist es nur eine Kleinigkeit: Der Schwimmer steckt, lässt sich jedoch leicht lösen. Das war's.

Nach dem Frühstück blickt Paul stolz auf sein gestriges Werk. Auf einem Stapel sind Sachen von ihm, aus denen er herausgewachsen ist oder die er aus anderen Gründen seit Jahren nicht mehr trägt. Dann gibt es einen Stapel, der Sabine gehören dürfte, und auch Birgits Anwesenheit war nicht spurlos geblieben.

Nach dem Kleiderschrank kommen die anderen Möbelstücke dran und danach der nächste und der darauf folgende Raum.

Jetzt ist nur noch der Nebentrakt übrig, aber da muss er warten, bis sich dort von selbst etwas tut. Inzwischen schnürt er ein kleines Paket mit den Habseligkeiten von Birgit, denn sehen will er sie nicht. Sabine wird er ihre Sachen beim nächsten Besuch geben. Den Rest trägt er hinaus und wirft ihn weg. Sicherheitshalber zieht er dafür die Stiefel an und kontrolliert noch einmal alles im Stall. Die Rinder schauen satt und zufrieden aus. Um sie nicht beim Dösen zu stören, geht er langsam zwischen ihnen hindurch und erklärt ihnen, dass er nur wegen dem Wasser nach dem Rechten sieht. Manche schauen ihm nach, doch beachten ihn kaum. Nur ein Schwarm Goldammern stiebt davon, der hier in der Einstreu gerne nach Fressbarem sucht. Bei der Tränke schaut es gut aus. Sie funktioniert.

„Guten Morgen, gut geschlafen?", begrüßt ihn Magda später im Haus. Sie sitzt beim Frühstückstisch auf Thorstens Schoß und hat einen langen Wollpullover übergezogen.
„Morgen", grüßt auch der an Magdas Nacken vorbei. An Gestik und Mimik sieht man, wie synchron die beiden sich bewegen.
„Morgen. Ist euch kalt?"
Magda fröstelt es wie auf Befehl und sie schmiegt sich ganz eng an Thorsten an.
„Ich heiz noch einmal nach, aber wir könnten auch noch etwas anderes tun."
„Uns wärmer anziehen?", fragt Magda spöttisch.
„Nein. Durch deine Arbeit, die du die letzten Wochen in euren Wohnbereich gesteckt hast, schaut der jetzt schon viel wohnlicher aus. Ich hätte aber noch die Profilbretter, die ich für die Wandvertäfelung vor Jahren einmal hergerichtet hab. Die könnten wir relativ rasch und einfach montieren. Dann wäre der Raum zwar nicht mehr ganz so hell, dafür heimeliger und besser gedämmt. Was sagt ihr?"
„Wenn du meinst ..." Die Begeisterung der beiden hält sich in Grenzen.

„Dann machen wir es umgekehrt. Ich montiere die Vertäfelung allein und ihr macht euch im Dorf einen schönen Tag. Und vielleicht könnt ihr ja noch etwas Stoff und Farbe besorgen – für meinen Bereich? Und wenn es nicht zu viele Umstände macht: Könntet ihr beim Heimfahren auch Theresa mitnehmen, damit sie beim Umgestalten mithelfen kann?"

Das hört sich in Magdas Ohren schon besser an: Shoppen auf fremde Rechnung und farblich etwas gestalten.

„Okay. Und wir haben freie Hand?"

„Freie Hand, solange es auch Theresa gefällt."

Eigentlich ist Anna froh, als der letzte Tag in dem Resort endlich an ihr vorübergezogen ist und sie jetzt ihren Rückweg antreten kann. Die Fahrt zum Hafen hat klaglos funktioniert, und auch das Einchecken ist problemlos möglich gewesen. Nun sitzt sie auf einem der Sitze im oberen Deck des Passagierschiffes, weil sie hier einen besseren Überblick hat. Vier Nächte und drei Tage wird die Fahrt inklusive aller Zwischenstopps dauern. Irgendwie freut Anna sich.

Schon beim Beziehen ihres Sitzplatzes ist ihr aufgefallen, dass das Schiff sehr spartanisch ausgerüstet ist. Es gibt weder Kabinen noch eine Kantine. Was man also nicht selbst mit an Bord bringt, gibt es hier nicht. Es ist aber ein mehrmaliges Anlegen in den Häfen der am Weg liegenden Inseln vorgesehen, wo man sich jeweils für ein paar Stunden die Füße vertreten und Proviant fassen kann.

Das Schlafen in einem Sitz, wie man ihn aus Bussen und Flugzeugen kennt, fällt Anna heute ein wenig schwer. Durch die vielen Leute um sich und das Geschaukel des Kahns schreckt sie immer wieder aus ihrem Dösen auf. Es ist ungemütlich und laut.

Als es draußen heller wird, steht sie von ihrem Nachtlager auf, geht hinaus an die Reling und blickt über das Meer. Weit entfernt sind einige Hügelketten zu sehen, hinter dem Schiff schäumt die See. Neben ihr versperrt zwar eine Kette mit dem

Schild „Staff only" den Weg, doch Anna schlüpft darunter durch und geht bis zum Bug. Hier gefällt ihr die Aussicht besser. Sie zippt ihre Überjacke bis zum Kinn hinauf zu und verschränkt die Arme, denn der Fahrtwind ist kühl. Doch sie genießt es, diesen kraftvollen Luftstrom zu spüren und hier auf der unruhigen Wasseroberfläche zu sein.

Nach und nach trudeln andere Mitreisende ein, die meisten, um ihre morgendlichen Zigaretten zu konsumieren. Sie sehen alle gleichermaßen zerknittert aus. Da fällt Anna ein, dass sie sich noch gar nicht frischgemacht hat, doch als sie die sanitäre Einrichtung betritt, verwirft sie diesen Plan sofort wieder, denn hunderte Menschen auf engem Raum hinterlassen bleibende Spuren.

Als sie wieder an der Reling lehnt, kommt plötzlich Leben in die anderen und sie deuten nach unten ins Meer: „Delfine." Anna kann es nicht glauben. Tatsächlich schwimmen einige von ihnen neben dem Schiff her. Das ist das erste Mal, dass sie diese fischartigen Säugetiere sieht. Wie die anderen auch nimmt sie ihr Handy, um das Gesehene für immer festhalten zu können, nur leider ist der Akku praktisch leer. Im Grunde ist ihr das aber egal. Sie sieht jetzt, wie diese Tiere spielerisch neben ihr durchs Meer gleiten, und das kann ihr niemand mehr nehmen.

Der Tag zieht sich. Am späteren Nachmittag legt das Schiff in einem nicht sonderlich großen Hafen an. Die meisten Passagiere steigen aus, denn es sind fast vier Stunden Zeit bis zum Ablegen. Es gibt ein paar Restaurants und Bars, aber nur ein kleines Geschäft, in dem man nicht mit Karte zahlen kann. Also muss Anna mit ihrem Bargeld haushalten, das hier mit Abschlägen angenommen wird. Deo, Obst, etwas zu trinken. Das müsste bis zum nächsten Morgen reichen. In der Bar gönnt sie sich noch einen Kaffee.

Die nächste Nacht verläuft wie die erste, dafür ist der Morgen außerhalb der Kabine genauso schön. Der Besuch der Sanitäranlage wird auf das Nötigste reduziert, dann stellt sie sich wieder ins Freie. Das Deo hilft ein wenig, aber die Kleidung klebt auf ihrer Haut. Die Wärme, die Aufregung und nicht zuletzt die

Feuchtigkeit und der Salznebel vom Meer machen sich bemerkbar. Delfine sind keine in Sicht. Beim Stopp im nächsten Hafen versucht sie, eine akzeptable Duschmöglichkeit zu finden – vergebens.

Die dritte Nacht wird zur Qual. Sich nicht ausstrecken und wirklich tief und gut schlafen zu können, laugt sie aus und mittlerweile ekelt es sie vor sich selbst. Außerdem gehen ihr die Mitfahrenden gehörig auf die Nerven, mit ihrem ständigen Umherwandern, dem Öffnen und Schließen von Gepäckstücken, ihrem Schnarchen und Sprechen. Sie ist auch zu müde und unkonzentriert, um sich hier jetzt selbst aus dem Sumpf der Empfindungen herausziehen zu können – sie muss hinaus. Doch außerhalb der Kabine ist es unfreundlich kalt. Der Seegang hat zugenommen, immer wieder spritzt Meerwasser über den Bug herauf. Zum Heck will sie nicht, das belagern schon die Raucher. Wenn sie wenigstens einen Schlafsack oder eine Decke mit hätte, aber nur in ihrer Sommerkleidung – wenn auch inzwischen in zahlreichen Lagen übereinander getragen – ist es ungemütlich kühl. Nach einer Zeit zehrt der Ausflug an die frische Luft aber genug an ihr, um wenigstens unruhigen Schlaf zu finden.

Traumlos, zwischen Schlafen und Wachen, findet sie langsam zu sich. Ihr kommt ein Mantra in den Sinn, das ihr einmal eine Freundin überlassen hat. An dem klammert sie sich fest und wiederholt es immer und immer wieder. Anfangs fällt es ihr schwer, dem genauen Wortlaut zu folgen, doch es gibt einen Automatismus, der ihre Seele berührt. Stück für Stück wird ihr leichter ums Herz und die Situation an Bord erträglicher. Die lärmenden, stinkenden Leiber rund um sie bekommen langsam Gesichter. Es sind Menschen, denen es wahrscheinlich ganz genauso geht wie ihr selbst. Ablehnung hilft in solchen Situationen wenig. Annehmen-Können macht eher Sinn.

Am nächsten Morgen ist die See dicht mit Nebel verhangen, es nieselt ein wenig. Dafür sind die Farbschattierungen der brodelnden Wasseroberfläche ein Gedicht. Doch es ist zu kalt und feucht, um länger draußen zu bleiben, also hilft nur der Weg zurück. Zum Glück läuft das Schiff schon gegen Mittag in einen Hafen ein, in dem es bis Sonnenuntergang liegen soll. Und

dieser Hafen hat eine bessere Infrastruktur, als sie erwartet hat. Endlich findet Anna eine Möglichkeit, sich nach einer heißen Dusche frischzumachen. Eine Boutique, die zwar nicht billig ist, akzeptiert virtuelles Geld, das Anna in bequeme Jeans und eine Lederjacke investiert. Eine Sonnenbrille dazu und sie findet, sie sieht richtig scharf aus, als sie ihr Spiegelbild in einem Schaufenster betrachtet. Dann lässt sie sich an der Strandpromenade nieder und genießt bei einem warmen Gericht den Moment. Aus dem Lautsprecher dudelt vertraute Musik, die sie eigentlich nicht mag, weil sie zu pathetisch ist, doch heute gefällt sie ihr: „The power of love, a force from above, cleaning my soul ..." Endlich beginnt Anna zu verstehen, dass sie Liebe nicht suchen muss oder herbeizwingen kann. Es ist genau so, wie wenn sie ihr Mantra spricht und sich ihm hingibt, um Liebe zu empfangen, sie in sich und durch sich strömen zu lassen: „... make love your goal!"
Anna muss den Kopf über ihre eigene Dummheit schütteln. Denn es ist ja nicht so, dass sie das nicht ohnehin längst gewusst hätte. Schon öfters in der Vergangenheit hat sie in besonders klaren Momenten erkannt, dass sie nichts dafür tun, sondern nur vieles lassen muss. Aber die letzten Monate waren mental so überprägt, dass sie wieder alles vergessen hat. Mit dieser Erkenntnis im Herzen zieht sie sich auf das Schiff zurück und behütet sie, so gut sie kann. Sie bedauert, wie sie sich in letzter Zeit anderen gegenüber verhalten hat: den Gästen im Resort, den Passagieren am Schiff, Ernst, Magda, Paul. Paul, ja. Sie hatte versucht, auch ihn zu manipulieren, statt ihr Herz sprechen zu lassen.

Vierzehnter Akt

So viel Farbe. Etwas grell vielleicht,
aber freundlicher als das nüchterne Weiß.

Magda kann es fast nicht erwarten, bis Anna endlich wieder da ist. Sie hat ihr so viel zu erzählen. Anna hat ihr geschrieben, dass sie mit dem Zug am späteren Abend im Nachbarort ankommen werde, deshalb macht sie sich jetzt auf den Weg dorthin. Der Zug ist pünktlich und die zwei fallen sich in die Arme.
„Du schaust erholt aus. Also war dein Urlaub sicher schön, oder?"
„Erholt? Ich weiß nicht. Eigentlich bin ich hundemüde, aber alles in allem waren die paar Wochen wirklich schön." Während der Heimfahrt und dann auch zu Hause erzählt Anna ausführlich, wie es ihr so ergangen ist. „Und du?", fragt sie schließlich, da sie merkt, dass Magda auch etwas auf der Zunge liegt.
„Schwer verliebt?"
„Ja, schwer."
„Ist er noch da?"
„Nein, leider hat er schon zurück müssen, aber wir sehen uns nächste Woche wieder."
„Kommt er wieder zu dir?"
„Wäre mir lieber, weil wir uns jetzt ja oben bei Paul schon häuslich niedergelassen haben, aber er hat eine Überraschung für mich."
„Und warum ausgerechnet bei Paul?"
„Ist dir das nicht recht?"
„Schon, aber ihr hättet ja auch hierbleiben können."
„Oben ist man von allem so weit weg, fast wie im Urlaub. Und so viele Leute kenn ich ja jetzt hier noch nicht. Außerdem, wäre er nicht gewesen, würde ich Thorsten nicht kennen. Und so wie du über ihn sprichst, ist er mehr als okay."
„Wie ich über ihn spreche?"
„Du weißt schon", zwinkert sie Anna zu und gibt ihr einen sanften Stups, woraufhin Anna merkt, wie ihre Wangen heiß werden. Also hat Magda sie ohnehin längst durchschaut, aber sie hat sowieso keine Lust mehr, damit hinterm Berg zu halten.
„Glaubst du, er weiß es auch?", fragt Anna zögerlich.
„Er ahnt es oder hofft es, würde ich sagen. Aber du kannst ihn ja selbst fragen. Ich möchte morgen auf jeden Fall gerne wieder

hinauffahren und dortbleiben, wenn du mit der Arbeit selbst fertig wirst."

„Ach ja, die Praxis. Gibt's was Besonderes?"

„Ein paar Termine für morgen, alles halb so wild. Aber das können wir in der Früh bereden. Komm, ich mach uns noch einen Tee."

In Annas Praxis ist nicht viel los, was ihr recht ist. Eine einfache OP ist problemlos verlaufen, außerdem hat Magda das meiste im Alleingang gemacht. Dennoch ist es früher Nachmittag, als die beiden in den Wagen steigen.

„Macht es dir etwas aus, wenn wir Theresa mitnehmen?"

„Nein, natürlich nicht."

„Weil ich sowieso fahre, nehme ich sie jetzt nach der Schule öfter mit. Manchmal bringt Paul sie dann am Abend zurück, ich hab sie aber auch schon erst in der Früh wieder zur Schule geführt", erklärt Magda. „Und einen Pinsel brauchen wir noch – für dich."

„Für mich?"

„Den Vorraum von Paul müssen wir noch fertig streichen."

„Kann er das denn nicht selbst?"

„Können vielleicht schon, aber das ist Teil unseres Deals. Außerdem macht das Spaß, du wirst sehen."

Wenig später parken sie vor der Schule und warten, bis Theresa herauskommt. Als sie Anna sieht, fällt sie ihr um den Hals, als ob die ihre ältere Schwester wäre, und auch Anna hat das starke Bedürfnis, die Kleine zu drücken.

„Bist groß geworden. War ich so lange weg?"

„Keine Ahnung."

„Und sonst? Erzähl!"

„Kira ist auch groß geworden. Deine Arznei hab ich ihr genau so gegeben, wie du es mir gezeigt hast. Und Peaches, du weißt schon, das Lamm. Ich glaub, die wird selbst bald ein Lamm bekommen, weil der Widder immer hinter ihr her ist."

„Und dein Vater?"

„Hat das ganze Haus umgekrempelt. ‚Midlife Crises', meint Mama. Aber mir gefällt es."

Wenig später sind die drei jungen Frauen am Hof. Theresa greift hinter einen hölzernen Blumentopf, der links vom Eingang steht, und zieht den Haustorschlüssel hervor.

„Tada!". Mit einer Willkommenspose winkt sie Anna herein.

„Wow! Das schaut ja tatsächlich ganz anders aus. So viel Farbe. Etwas grell vielleicht, aber freundlicher als das nüchterne Weiß."

„Sagt Paul auch", erklärt Magda. „Aber er hat uns völlig freie Hand gelassen. Komm weiter, jetzt zeig ich dir mein kleines Reich." Magda zerrt Anna wieder nach draußen und sperrt den Seiteneingang auf. Als sie die Tür öffnet, strömt ihnen ein angenehmer Duft entgegen und es ist wohlig warm.

„Das Zirbenholz riecht so. Unbehandelt. Nur mit Bienenwachs lasiert."

„Das hast auch du gemacht?"

„Nein, die Wand hat schon Paul vertäfelt. Ist ja schließlich sein Haus." Dann sperrt sie auch die Verbindungstür auf und geht zu Theresa ins eigentliche Bauernhaus, die bereits in ihren Malersachen im Vorraum steht und überlegt: „Zweifarbig grün? Wie wäre das?"

„Warum nicht? Wir sollten nur hell genug bleiben, weil der Raum ohnehin klein und düster ist. Vielleicht etwas Dunkles bei der Garderobe und den Rest eher hell?"

„Ja, aber geschwungen."

„Auf jeden Fall."

Damit ist die Diskussion abgeschlossen. Magda drückt auch Anna einen Pinsel in die Hand: „Da, bitte. Sei kreativ!"

Obwohl es hier im Schatten kühl ist, tropft Schweiß von Pauls Stirn. Den ganzen Tag über hat er dünne Stämme der zahlreichen widerstandsfähigen Lärchen hier im Bergwald gefällt, weil er die als Zaunpflöcke braucht. Mit einem Stoßeisen schält er die Rinde ab, damit das Holz über den Winter in der Scheune besser abtrocknen kann, dann zersägt er die Stämme in knapp körperlange Stücke und schneidet das jeweils dickere Ende so zurecht, dass sich eine Spitze bildet. Die dickeren Stammteile halbiert oder viertelt er zuvor mit der Motorsäge, damit diese leichter handhabbar sind.

Vom Arbeiten in teils gebückter Haltung schmerzt Pauls Rücken, deshalb gönnt er sich eine Pause. Jause hat er keine mit, aber er trinkt einen Schluck. Durch die kalte Umgebungstemperatur ist das Getränk eiskalt und ihn fröstelt es. Er hätte jetzt lieber etwas Warmes, doch dafür ist es noch zu früh. Also schält und schneidet Paul weiter, bis die Ladefläche des Anhängers voll ist. Die Abschnitte nimmt er auch mit, die geben gutes Brennholz ab. Ganz zufrieden ist er immer noch nicht, und er weiß auch, warum. Der Duft des Lesezeichens steigt ihm in die Nase, obwohl es daheim auf dem Nachttischchen liegt. Er sucht etwas, das von der Art her dazupasst und streift noch einmal durch den Waldkomplex, in dem er schon den ganzen Tag über gearbeitet hat. Plötzlich fällt sein Blick auf einen schon etwas verwitterten Holzabschnitt, den er vor Jahren bei der Holzernte liegenlassen hat, weil er zu klobig für Nutzholz war. Doch nun ist er ideal. Er wirft seine Kettensäge an und höhlt ihn damit so aus, als ob er ein Brunnentrog wäre. Damit verliert der Klotz an Gewicht und er kann ihn händisch bis zur Straße schleppen. Dennoch benötigt er all seine Kraft, um ihn auf den Anhänger zu hieven. Dann geht er noch einmal zurück und gräbt mit bloßen Fingern so lange in der Wegböschung, bis er drei kniehohe Zirben in Händen hält. Das alles nimmt er mit, denn er braucht es als Geschenk.

Als Paul daheim ankommt, ist es schon finster und zu spät, um den Hänger zu entladen. Er nimmt nur die Jungbäumchen mit und schlägt sie vorübergehend in Gartenerde ein. Dann geht er zum Haus und öffnet die Tür, woraufhin ihm ein beißender Geruch in die Nase strömt.

„Wehe dir!", zischt ihn Theresa an. „Das ist ganz frisch gestrichen. Bleib mit deinen schmutzigen Sachen, wo immer du willst, aber nicht hier!"

Nun fällt auch Paul auf, was seine Nase reizt. Was vorher weiß war mit bräunlichen Flecken, strahlt nun in knalligem Grün.

Wie eine steile Bergflanke fällt die Farbe in Wellen und Zacken zum Boden hin ab, um auf der anderen Seite des Fußbodens erneut nach oben zu steigen. Der Rest ist ganz hell, doch auch nicht mehr weiß, sondern ein blasses Mint.
Also tut Paul, wie ihm geheißen, säubert sich grob und legt sein Schutzgewand ab. Doch als er dann so vor seiner Tochter steht, passt schon wieder etwas nicht. „Zieh dir was an! Du hast Besuch."

Frisch geduscht klopft Paul an seine eigene Tür und ihm wird aufgetan. Theresa bittet ihn herein. Auf der Eckbank haben es sich Magdalena und Anna gemütlich gemacht. Eigentlich ist es sein Platz, auf dem die beiden sitzen, aber er will nicht so sein. Also sieht er darüber hinweg und begrüßt die beiden. Erst Magda mit einem saloppen „Hallo", dann Anna. Nur weiß Paul nicht recht, ob er ihr die Hand reichen oder sie in die Arme schließen soll. Am liebsten hätte er den Tisch auf die Seite gerückt und sie zu sich hochgehoben, um ganz dicht bei ihr zu sein. Doch zum Glück nimmt ihm Anna die Entscheidung ab. Sie erhebt sich, beugt sich über den Tisch zu ihm hin, klimpert mit den Wimpern und bedankt sich, da sein zu dürfen.
„Mi casa es su casa", gibt sich Paul weltgewandt und hofft, dass sie nicht merkt, wie ernst ihm das ist. Anna aber ist geläutert und zu allem entschlossen. Sie hat sich selbst versprochen, ihren eigenen Weg zu gehen, ihre eigenen Entscheidungen zu treffen und keine Zeit zu verlieren.
„Ich nehme dich beim Wort", funkelt sie ihn an, sodass es Paul fast die Sprache verschlägt. Immerhin sitzt er drei Frauen gegenüber, von denen er zumindest zweien gegenüber in emotionaler Abhängigkeit steht. Magda ist harmlos, aber Theresa versteht sich darauf, ihn um den Finger zu wickeln. Und nun sieht es so aus, als ob auch Anna das könnte – weil er es zulässt.
Doch Theresa fungiert glücklicherweise heute als Anstands-Wauwau. Sie bittet ihn erneut zu Tisch, kredenzt das Essen, das die drei neben dem Ausmalen für ihn bereitet haben. Es duftet erst-

klassig, ist üppig und heiß. Mehr, als er sich erwartet hat. Schließlich schleckt er Messer und Gabel ab und lehnt sich zurück.
„Wie war eigentlich dein Urlaub?"
„Sonne, Sand und Meer. War wirklich schön."
„Und du warst da ganz allein?"
„Nein. Ich war nicht allein."
Paul spürt, wie sich in seinem Hals ein Kloß formt, der ihn am Sprechen hindert. Und wie es aussieht, bleibt das nicht wirklich verborgen. Denn Magdalena gibt plötzlich vor, unendlich müde zu sein und auch Theresa will gleich schon ins Bett. „Falls du in der Früh noch im Stall bist, ich fahr mit Magda mit. Schlaf gut und gute Nacht."
Nun ist er mit ihr allein im Raum und alles ist ganz still.
„Paul, ich muss dir etwas sagen", beginnt Anna sanft. „Ehrlichkeit und Aufrichtigkeit sind durch nichts zu ersetzen. Nur bin ich keine Meisterin im Ehrlich-Sein. Im Gegenteil, es ist eher so, dass ich vor allem mir selbst gerne etwas vormache oder zumindest bis jetzt etwas vorgemacht habe, doch das muss ab jetzt anders sein. Paul, ich möchte, dass du weißt, dass ich mich dir nahe fühle. Ich weiß nicht, warum das so ist, und ich kann es mir nicht erklären. Aber aus irgendeinem Grund ziehst du mich in deinen Bann. Deshalb war ich auch nicht allein dort auf Urlaub. In gewisser Weise war es so, als wärst du bei mir gewesen."
„Und in gewisser Weise war es so, als wärst du bei mir gewesen", gesteht Paul ein, mit gesenktem Kopf, und die beiden sitzen sich wortlos gegenüber, als ob sie noch unmündige Schulkinder wären.
„Paul", fährt Anna schließlich vorsichtig fort, „wir sind beide erwachsen. Es steht uns frei zu tun, was wir wollen. Und was ich will, hat nicht zuletzt mit dir zu tun. Aber ich bitte dich, gib mir noch etwas Zeit! Lass uns zumindest vorübergehend nur Freunde sein."
„Was meinst du mit ‚Freunde'?"
„Ich meine damit, dass wir Zeit miteinander verbringen, vielleicht ungezwungen ein Bier trinken und in Gesellschaft sind. Ich meine", und dabei legt sie ihre Hand auf die seine und blickt ihm geradewegs in seine weit offenen Augen, „dass alles, was

hoch wachsen soll, zuerst tief wurzeln muss. Und das braucht seine Zeit."

Paul erwidert ihren Blick wortlos, doch es ist ihm, als könnte er durch die Pupillen hindurch bis auf den Grund ihrer Seele sehen. Dort erblickt er etwas in fließenden Gewändern und in langem, wallendem Haar und ihm wird warm um sein Herz.

„Freunde", flüstert Paul, bedankt sich für das Essen und zieht sich zurück. Doch als er sich hinlegt, kann er noch nicht schlafen. Im Dunkel der Nacht tastet er nach dem Nachttisch und findet, wonach er sucht. Er schnuppert am Buch und am Lesezeichen, dessen Geruch sich verändert hat. „Es riecht nach ihr und nach Meer", ist er sich sicher und schnüffelt noch einmal kräftig daran. Dann fällt ihm ein, was er vor wenigen Tagen dort erst gelesen hat: „Schließlich öffnete sich sein Herz und er empfing ein inniges Gefühl von Geborgenheit. Das war der Schlüssel, an dem er sie einst erkennen würde."

Paul hört daraufhin ganz hoffnungsvoll in sein Herz hinein, doch es spricht nicht zu ihm. Stattdessen quälen ihn Gedanken, die nichts Gutes erwarten lassen: „Nicht allein im Urlaub. Nur Freunde sein. Wenn das bloß nicht nur Ausreden sind."

Auch Anna geht es nicht viel besser. Als sie sich neben Magda ins Doppelbett legt, ist sie weiter hellwach. Einerseits ist sie stolz, dass sie Paul eingeweiht hat, aber auf der anderen Seite weiß sie nicht, wie er es aufgenommen hat. Schließlich ist er kein Mann von halben Sachen. Was immer er macht, er macht es ganz – sei es das Behüten, Pflegen, Fällen oder Schlachten. Doch etwas in der Schwebe zu halten, ist ganz und gar nicht sein Ding. Noch als Anna so vor sich hin grübelt, kommt ihr ein Lied in den Sinn, das ihr Zuversicht schenkt: „I turn away from the wall, I stumble and fall, but I give you it all. I am a woman in love, and I'll do anything to get you into my world and hold you within. It's a right I'll defend ..."

Anna weiß, dass es nur ein Lied ist. Aber sie weiß auch, dass ihr Schicksal und das seine jetzt in ihren Händen liegen und sie bereit dafür ist, diese Verantwortung zu tragen. „I am a woman in love, and I'll do anything to get you into my world and hold you within ...", schwört sie sich – und ihm.

„Wenn du es zulässt", flüstert sie Paul in seinem mehrere Räume entfernten Zimmer zu, „lass ich dich in meine Welt eintauchen. Und ich verspreche dir, du wirst es nicht bereuen."

Während Paul mit dem Traktor Futter für die Rinder heranschleppt, nimmt er aus dem Augenwinkel heraus wahr, dass ein Auto talwärts verschwindet. Nun ist er also wieder allein. Und irgendwie ärgert ihn das. Gerade war sie noch zum Greifen nahe, und nun ist sie ihm wieder entwischt. Aber er weiß auch, woran das liegt. Wenn er auf die Jagd geht, trifft er schon zuvor die Entscheidung, was er tun oder lassen wird. Wenn es dann schnell gehen muss und darauf ankommt, braucht er nur noch zu handeln. Was Anna angeht, ist er jedoch nicht entschlossen genug, um jetzt schon zu handeln. Mit ihr ist es eher wie mit dem Hirsch, den man in der Schonzeit ab und zu sieht. Man beobachtet ihn aus der Ferne und er wiegt sich in Sicherheit. Doch irgendwann kommt der Moment, in dem sich Wild und Jäger gegenüberstehen. Dann zählt Entschlossenheit.

Nach dem Frühstück wuchtet Paul den Holztrog vom Anhänger auf die Ladefläche seines Wagens, holt die Bäumchen aus dem Garten und nimmt einige Eimer voll Erde mit. Mit seiner Fracht tuckert er talwärts.

„Ich will nicht lange stören", entschuldigt er sich, als er die Tür zur Praxis einen Spalt weit öffnet und hineinblickt. „Ich möchte dir nur schnell etwas geben." Außer den beiden Ärztinnen ist ohnehin niemand hier, und so kommt Anna heraus. Magda wartet im Hintergrund, denn die nach hinten gestreckte, offene Handfläche signalisiert ihr, dass sie zurückbleiben soll.

„Ich wollte mich jetzt endlich einmal für das Buch bedanken."

„Ach so, das Buch. Bitte."

„Und ich hab dir etwas mitgebracht. Ich hoffe, du magst rustikal. Sonst nehme ich es wieder mit."

„Ich mag rustikal", bedankt sich Anna und fährt mit den Händen über den klobigen Klotz.

„Ich hab gedacht, das passt hier vor der Praxis gut hin. Die Bäume sind unempfindlich, die sollten das überstehen."
„Danke, das passt sicher gut. Dann laden wir das Ding da einmal ab."
Schließlich platzieren sie den Holztrog gemeinsam vor der kahlen Hauswand. Anna nimmt Baum für Baum und Paul bedeckt deren Wurzeln mit Erde.
„‚Wer Bäume setzt, obwohl er weiß, dass er nie in ihrem Schatten sitzen wird, hat zumindest angefangen, den Sinn des Lebens zu begreifen', hab ich heute in der Früh im Internet gelesen."
„Ist nicht mein erster Baum", scherzt Paul. „Und bei dir?"
„So gesehen weiß ich auch schon etwas über den Sinn meines Lebens", kontert Anna. „Danke nochmals. Das wär nicht nötig gewesen."
„Kann ich sonst etwas tun?"
„Vertraust du mir?"
„Denke schon."
„Ich spiele nicht mit dir. Sei einfach bereit. Aber darüber reden wir nicht zwischen Tür und Angel. Außerdem muss ich auf meinen Ruf achten, du weißt ja, wie neugierig bei uns hier alle sind", nimmt Anna die Spannung aus der Luft. „Heute komm ich nicht mit Magda mit. Aber wir sehen uns. Danke."
Mit einem „Wir sehen uns" macht Paul kehrt und fährt los, und schon drängt sich Magda durch die halb offene Tür. „Schau einer an. Ich glaub, der hat endgültig angebissen."
„Hey!", zischt Anna sie verlegen an. „Das muss keiner wissen. Wehe, du verplapperst dich!"
Magda grinst über das ganze Gesicht, dreht sich zum Fenster und haucht dieses an. In die beschlagene Oberfläche zeichnet sie mit ihrem Finger ein Herz und hinein „A+P". Dann kichern beide wie Schulmädchen los.

Anna ist zeitig dran, deshalb begleitet sie Magda in die kleine Abflughalle hinein. Ein Café hat schon offen, und so bestellen die zwei sich etwas.

„Du weißt also noch nicht, wie lange du bleibst?"
„Rückflug hab ich noch keinen gebucht."
„Sehen wir uns zu Weihnachten oder rund ums neue Jahr?"
„Hab noch keine Pläne. Vielleicht schau ich bei meinen Eltern vorbei."
„Also lässt du mich jetzt allein?"
„Danke für den schönen Herbst, den hab ich echt gebraucht. Ich schulde dir was."
„Ja, sicher. Wenn jemand etwas schuldig ist, dann ja wohl ich. Denn jetzt muss ich wieder selbst arbeiten", dabei gibt Anna ihr einen Stups.
„Hab dich lieb."
„Ich dich auch. Magdalena, ich wünsch mir so sehr, dass das mit dir und Thorsten gelingt."
„Schon klar, sonst hast du mich wieder am Hals", überspielt Magda die Schwermut, die sie angesichts des Abschieds befällt. Und bevor es noch schlimmer wird, drückt sie ihre Freundin noch einmal fest an sich und geht zur Sicherheitskontrolle.
Als Anna wieder zu Hause ist, ist es noch zu früh, um die Praxis zu öffnen. Also schlendert sie durch den Ort zum Supermarkt, der schon offen hat. Lustlos besorgt sie ein paar Kleinigkeiten und marschiert dann zurück. Als sie beim Gemeindeamt vorbeikommt, lehnt Ernst an der Tür und raucht.
„Wie geht's?"
„Danke, und dir? Hab gehört, du bist befördert worden?"
„Ja, war längst überfällig. Und du hast jetzt einen Neuen? Einen Bauern?"
„Blödsinn! Wer sagt das?"
„Alle sagen das, dass du mich wegen dem Hinterwäldler hast sitzenlassen."
„Erstens hab ich dich nicht sitzenlassen, sondern gebeten zu gehen. Und zweitens hat das mit ihm überhaupt nichts zu tun. Und außerdem: Der primitivste Bauer weiß sicher mehr vom Leben, als du je kapieren wirst." Grußlos wendet sich Anna von ihm ab und geht davon. „Was ist das für ein Trottel, und was bildet der sich überhaupt ein?", schimpft sie in sich hinein und spürt dabei innerlich, wie die Funken rund um sie nur so stie-

ben. „Einen Bauern", wie sich das anhört, als ob er ein Obdachloser wäre, der unter einer Brücke haust.
Aber „Er ein Bauer und ich eine Bäuerin?", von der Warte aus hat Anna es noch gar nicht gesehen.

Bevor es friert, hat Paul noch Außenarbeiten zu erledigen. Er rafft sich endlich auf, um die ihm heiligen jungen Bäumchen rund um den Hof vor den Schafen zu schützen. Durch extralange Pflöcke, extrastarkes Drahtgeflecht und ein Verhau aus Stacheldraht entsteht so um jeden schutzbedürftigen Stamm ein kleiner botanischer Hochsicherheitstrakt. Er lässt sich Zeit dabei, erledigt die Arbeit gewissenhaft. Außerdem muss er ohnehin warten, bis der Lastwagen kommt, um eine Gruppe schlachtreifer Jungrinder und eine überalte Kuh abzuholen. Es ist Zeit, den Rest der Ernte des heurigen Jahres einzufahren.
Bei den Jungrindern ist ihm nicht schwer ums Herz, zu denen hat er ohnehin wenig Bezug, was auf Gegenseitigkeit beruht. Bei der alten Kuh, die mehr als ein Jahrzehnt seine Mitarbeiterin war, ist das anders. Mit ungutem Gefühl wird sie das Verladen über sich ergehen lassen, froh sein über seine Anwesenheit in dieser für sie ungewohnten Situation. Dann wird er ihr ein letztes Mal Hals und Wamme tätscheln, denn den letzten Weg geht jeder allein. Wenn er könnte, würde er ihr das ersparen, doch für so viel Fleisch ist sein Betrieb nicht eingerichtet, ganz abgesehen davon, dass er die behördlichen Auflagen niemals erfüllen könnte.
Plötzlich macht die Katze neben ihm einen Satz, springt auf einen Zaunpflock und bringt ihn auf andere Gedanken. „Ein wenig Kraft steckt ja tatsächlich in dir", lobt er diese anerkennend. Nachdem er nämlich vor ein paar Tagen wieder in seinem Buch geblättert und über das Finden des persönlichen Krafttieres gelesen hat, haben ihn im Anschluss wie zum Hohn die Hofkatzen bedrängt, ganz so, als ob sie ihm dazu etwas sagen wollten. Aber eine Katze? Nein, niemals könnte die sein persönlicher Beistand sein.

Es gibt nur eine einzige Katze, die er respektiert und fast ein wenig verehrt, aber das hat einen anderen Grund. Als Kind hat er einmal ein fesselndes Jugendbuch gelesen, eines der wenigen, die er überhaupt jemals bis zum Ende durchgelesen hat. Es war eine Fabel, in deren Mittelpunkt ein eleganter Berglöwe stand. Mitreißend war da die Schilderung, wie dieser dem Berg abgerungen hat, was er zum Leben brauchte. Die Erzählung war so lebendig, dass er in seinen Tagträumen selbst zu diesem Berglöwen geworden ist: das einem Boxer ähnliche, zerknautschte und narbenzerfurchte Gesicht; die Schulterblätter, die sich bei jedem seiner anmutigen Schritte unter dem samtigen Fell nach oben schieben; der kräftige, überlange Schwanz, der beim Anpirschen ganz knapp über dem Boden getragen und nur durch leichte Bewegung der Schwanzspitze zur Wahrung des Gleichgewichts und zum Weiser der inneren Aufregung wird. Aber eine Katze? Nein, niemals könnte eine Katze Ersatz für ihn sein.

Fünfzehnter Akt

Paul weiß nicht recht, ob er sich führen lassen oder
die Führung übernehmen soll. Doch als Anna den Blick
zu ihm erhebt, ist es ohnehin um ihn geschehen.

„Alles klar bei dir?"
„Ja. Schön, dass du anrufst."
„Hast du schon das mit Magda gehört?"
„Dass du sie jetzt los bist? Ja. Sie hat mir ein Foto von ihrer Dienstwohnung geschickt, die sie gerade etwas umgestalten will."
„Mir auch."
„Da hat sie sich bei mir umsonst so viel Mühe gegeben."
„Vielleicht auch nicht. Manchmal braucht es eine Portion Entschlossenheit, um dem Schicksal auf die Sprünge zu helfen."
„Glaubst du denn an Schicksal?"
„Nicht an ein vorbestimmtes. Man muss selbst etwas ändern, damit sich auch von außen etwas ändern kann, das meine ich. Und du? Du hast auch mitgeholfen, und du hast sogar zugelassen, dass dein persönlicher Bereich etwas Farbe bekommen hat?"
„Wie du sagst. Manchmal muss man dem Schicksal auf die Sprünge helfen."
„Und? Schon jemand in Sicht?"
„Keine Ahnung. Vielleicht weißt du da ja mehr."
„Oh. Ist das eine Anspielung?"
„Oder eine Einladung. Wie du willst."
„Eine Einladung wozu?"
„Essen, wandern, was trinken. Wozu du willst."
„Wandern klingt gut. Morgen?"
„Okay. Morgen klingt gut."

Unruhig wandert Paul von einem Fenster zum anderen, zieht den Store beiseite und hofft, endlich ein Fahrzeug zu entdecken, das in seine Richtung steuert. Irgendwann ist ihm das zu blöd und er geht in die Werkstatt, um seine Motorsäge zu warten. Nach einiger Zeit hört er, wie ein Motor in deutlich zu hoher Drehzahl den Berg hinaufgetrieben wird. Er wischt sich die Hände sauber und tritt vor die Tür.

Anna spürt das Pochen des Pulses in ihrem Hals. In ihrem Bauch

und bis tief hinauf in ihre Brust kribbelt es. Um sich abzulenken, dreht sie das Radio lauter, aber es läuft nur Werbung. Außerdem ist sie ohnehin schon fast da, wird langsamer und parkt ein.
„Bereit?", strahlt Paul sie zur Begrüßung an.
„Zu allem bereit."
„Am besten fahren wir noch ein Stück. Den Aufstieg wirst du wahrscheinlich noch nicht kennen."
Kira sitzt mit eingezogenem Schwanz neben dem Wagen und schaut treuherzig drein, als Paul für Anna die Beifahrertür öffnet.
„Willst du auch mit?", fragt er den Hund. „Dann hopp!" Das lässt dieser sich nicht zweimal sagen, rollt sich vor dem Sitz auf der Fußmatte zusammen und liegt dort ganz still. Erst als Anna die Türe schließt und der Motor angeworfen wird, hebt der Hund seinen Kopf und legt ihn auf Annas Knie, damit die ihn gut kraulen kann.
Nach wenigen Minuten ist die Fahrt zu Ende. Paul leint den Hund an und zeigt Anna den Weg, der über schwer einsehbare Kare bis auf den Gipfel führt.
„Ganz schön weit. Willst du da wirklich hinauf?"
Paul liegt eine Bemerkung auf der Zunge, die mit dem gemeinsamen Erreichen eines Höhepunktes zu tun hat, aber er verkneift sie sich: „Gehen wir einmal ein Stück, dann sehen wir weiter."
Schweigend und in die Stille des Waldes lauschend gehen die beiden los.
„Darf ich?", fragt Anna. Ohne die Antwort abzuwarten, greift sie mit ihrer Linken nach Pauls Hand.
„Ich bitte darum", entgegnet dieser und erwidert behutsam den vorsichtigen Druck. Schon bald kommt die erste Steigung und der Weg wird enger, doch keiner der beiden lässt die Hand des anderen los. Der Weg hat inzwischen auch an Bedeutung verloren, längst ist der Gipfel alles andere als ein lohnendes Ziel. Anna löst ihre Finger aus den beiden ineinander verschränkten Händen und dreht die Handfläche so, als würde sie Paul in Tanzhaltung führen. Mit gesenktem Haupt stellt sie sich breitbeinig vor ihn hin, während sich auch das zweite Händepaar findet

und wie selbstverständlich umschließt. Die anfängliche Distanz scheint mit einem Male entschwunden zu sein, sie drückt ihn zart und er erwidert den Druck. Dann sieht sie zu ihm auf und blickt ihn durchdringend an. Gleichzeitig spürt Anna, wie es in ihrem Inneren pocht. Es ist ihr, als wäre sie zehn Meter groß, offen und weit und als könnte sie ihn zu sich emporheben, um ihm schwerelos nahe zu sein.

Paul getraut sich kaum zu atmen, seit Anna ihm frontal gegenübersteht. Er weiß nicht recht, ob er sich führen lassen oder die Führung übernehmen soll. Doch als Anna den Blick zu ihm erhebt, ist es ohnehin um ihn geschehen. Er blickt ihr tief in die Augen und es ist ihm dabei, als ob ihr Gesicht vor ihm zerrinne. Es scheint, als würde er vornüber in sie hineinstürzen und mit ihr verschmelzen.

„Wenn du das machst", flüstert Anna ganz leise, „spüre ich dich ganz tief in mir."

„Tut mir leid", haucht Paul mit beschlagener Stimme und senkt seinen Blick.

„Nicht sprechen und nicht entschuldigen. Wenn ich es nicht wollte, würde das ohnehin nicht funktionieren. Doch ich genieße es, so nah bei dir zu sein." Völlig laut- und bewegungslos stehen die beiden sich nun mit geschlossenen Augen gegenüber, bis sie sich wie auf Befehl mit Unter- und Oberkörper aneinanderschieben und Anna ihre Lippen auf die seinen legt. Sie denkt dabei weder an ihn noch an sich, sondern an das Gefühl, das entsteht, wenn er diese Resonanz in ihr weckt. Dieses Gefühl lässt sie in sich aufsteigen und überreicht es ihm als Geschenk.

Paul spürt die weichen, vollen Lippen auf den seinen und bewegt sich nicht. Es ist ihm, als würde der Boden unter ihm schwanken und etwas aus ihm herausgelöst sein, das sich nun weit über seinen Körper hinaus erstreckt und alles umfasst, was in seiner Nähe ist. Und er fühlt sich geborgen, unendlich geborgen, so als hätte sich eine gute Fee seiner erbarmt und wiege ihn nun sanft.

Das Zerren von Kira an der Leine reißt die zwei abrupt aus der Versenkung und sie blicken einander wissend an.

„Wow", flüstert Anna leise und drückt ihn ganz fest an sich.

Auch er flüstert etwas für sie Unverständliches zurück und drückt sie ebenso fest.
„Bist du mir böse, wenn wir heute nicht bis zum Gipfel wandern?"
„Ganz und gar nicht."
„Ich bin so erschöpft. Ich brauch nur ein Bett."

Als die beiden heimkommen, ist es in der Stube schön warm. Trotzdem heizt Paul auch den Zusatzherd ein, um das Knistern der Scheiter und das Lodern der Flammen wahrnehmen zu können. Anna fühlt sich nicht besonders und legt sich auf dem Sofa neben dem Esstisch ein wenig hin. Sie schließt die Augen und hört anfangs nur, wie er Späne bricht, Holz aufschichtet, ein Streichholz ansteckt und es dann langsam zu knistern beginnt. Nach und nach geht das Knistern unter, und der Sog des Kamins durch die lodernden Flammenzungen gewinnt Oberhand. Zwischendurch vernimmt sie immer wieder einige Geräusche, die von Pauls Geschäftigkeit herrühren. Der Boden knarrt unter seinen Füßen, die Türangel quietscht, Geschirr schlägt gegeneinander, Wasser fließt. Erinnerungen werden in ihr wach, wie sie als Kind manchmal in ihrem Zimmer gelegen ist, weil sie sich nicht wohlgefühlt hat und daher nicht in die Schule gehen musste. Wie sie die Decke über ihren Kopf gezogen hat, um sich zu wärmen und zu erholen, und wie allein schon die wahrnehmbare Gegenwart ihrer Mutter in der nicht fernen Küche heilend auf sie gewirkt hat.
„Möchtest du etwas?", fragt Paul sie schließlich leise, da er nicht weiß, ob sie schläft.
„Dich", haucht Anna in ihrem Zustand zwischen Dämmern und Wachen und streckt die Hand nach ihm aus. Also setzt Paul sich an das Kopfende des Sofas, sodass Annas Haupt statt auf einem Polster auf seinem Schoß zu liegen kommt.
„Tut mir leid, den Tag hab ich mir anders vorgestellt. Mir geht es im Moment nicht so besonders, aber deine Anwesenheit tut mir gut."

„Mir tut leid, dass du leidest und ich nichts für dich tun kann. Du bist die Heilerin von uns zweien und weißt in solchen Dingen besser Bescheid."
„Nicht sprechen. Dein Mitgefühl heilt."
Paul ist sich nicht sicher, was sie damit meint, aber er denkt daran, was ihm guttut, wenn er selbst nicht ganz beisammen ist. Er spürt Annas Kopf auf seinem Oberschenkel und wie sich ihr Körper durch die Atembewegung langsam hebt und senkt. Im Abstand von wenigen Millimetern streicht er nun mit der offenen Hand über ihren Körper hinweg, so wie er es bei Pflanzen gerne tut und dabei das Gefühl hat, sie auf diese Weise beinahe körperlich wahrnehmen zu können. Und auch jetzt, als er Anna berührungslos streichelt, hat er das Gefühl, als spüre er sie.
Ihren Atemgeräuschen nach scheint Anna nun tief zu schlafen, und Paul ist sich nicht sicher, ob nicht auch er selbst kurz weggetreten war. Das Knistern hat fast aufgehört, nur gelegentlich knackt es in der verlöschenden Glut. Das Teewasser wallt brodelnd vor sich hin – aber egal. Dort zu handeln, dafür ist jetzt keine Zeit.

Es ist mucksmäuschenstill, nur ab und zu knackt es im Herd. Anna ist es angenehm warm, doch ein Druck lastet auf ihrem Oberbauch.
„Darfst du denn das?", flüstert sie leise, und Kira blickt sie bewegungslos treuherzig an. Nur ihren Schwanz hat sie nicht unter Kontrolle, der schlägt bei der Wedelbewegung gegen die Sofawand.
Anna lässt sich Zeit, streckt sich und gähnt.
„Ist dein Herrl nicht da?", fragt sie den Hund. Der winselt verhalten. Also krault sie ihm den Kopf und richtet sich auf.
„Jetzt aber runter vom Sofa!" Unwillig tut der Hund, wie ihm geheißen wird.
Anna geht zum Herd, öffnet dessen Tür und blickt in die dunkelrote Glut. Gedankenverloren legt sie einige Scheiter nach und schaut zu, wie diese nach und nach Feuer fangen. Das Tee-

wasser wallt immer noch und wartet darauf, über die vorbereiteten Kräuter gegossen zu werden. Der Aufguss muss ziehen, also blickt Anna sich um. Auf dem Tisch liegt ein Zettel:
„Muss Theresa abholen. Hab den Raum von Magda für dich hergerichtet. Kannst dich dort häuslich niederlassen. Dusche ist vorne links. HDL."
Anna schmunzelt und öffnet die Tür, die zum Nebentrakt führt. Auch hier ist es angenehm warm und der Geruch der Zirbenschalung erfüllt den Raum. Das Bett scheint frisch bezogen zu sein. Der Überzug ist in leuchtenden Farben bedruckt, ähnlich einem Regenbogen, aber erdig und warm. Der Stoff fühlt sich weich und kuschelig an.
Anna geht zurück in die Stube, holt sich eine große Tasse und schenkt sich etwas vom Kräutertee ein. Sie setzt sich damit auf die Anrichte neben dem Herd, als ob sie daheim in ihren eigenen vier Wänden wäre. Vorsichtig nippt sie Schluck für Schluck, betrachtet die Einrichtung, die frisch bemalte Wand, die neuen Vorhänge und die zahlreichen Fotos an der Wand. Als sie ausgetrunken hat, geht sie zum Fenster und zieht den Store zurecht. Den Vorhang zieht sie so weit zur Seite, dass er ein Bild von Sabine verdeckt. Dann kramt sie in den Küchenkästen und -laden und sieht nach, was es dort alles gibt. Dabei stößt sie sich an einem Holzscheit vor dem Herd ihren großen Zeh, der sofort heftig schmerzt.
„Aaah", stöhnt sie, besinnt sich und schielt halbschräg nach oben. „Danke. Die kleinen Sünden bestraft der liebe Gott sofort."
Mit dieser Bewusstseinsübung trainiert sie sich schon lange darauf, anderen gegenüber nicht ungerecht zu sein. Und wenn sie es ist, nimmt sie all das demütig an, was sie auf den rechten Pfad zurückbringen kann. Sie zieht den Vorhang wieder zurück und schaut das Foto näher an. Ein Bild aus seiner Vergangenheit, Teil seines Lebens, das jetzt auch Teil des ihren werden soll.
Aus einer noch offenen Lade holt sie nun ein Tischtuch hervor, das sie diagonal über den Esstisch legt. Mit einer Vase geht sie nach draußen und pflückt, was ihr gerade unterkommt: ein paar Heckenrosen mit den jetzt schon ein wenig verdorrten Früchten, neben dem Stall stehen einige herbstbunte Farne,

ein paar Zweige vom immergrünen Wacholder kommen auch noch hinzu. Zufrieden drapiert Anna den Herbststrauß zentral auf dem Stubentisch, schnuppert daran und schaltet das Radio ein. Doch das Lied, das hier gerade läuft, passt nicht zu ihrer Stimmung. Deshalb macht sie es wieder aus, lässt ihr Gewand vom Körper gleiten, geht ins Bad und schaltet das Wasser in der Duschkabine an.

Dann denkt sie noch einmal daran, was heute geschehen ist. Sie hatte strahlen wollen – für ihn. Wahrscheinlich hat sie sich damit übernommen und ist allzu schnell vor ihm verglüht. Nun, als das warme Wasser in kristallklarem Strahl von oben auf sie herabrinnt, fängt sie sich selbst wieder auf. „Nicht strahlen wollen, sondern fließen lassen", sagt sie sich mantraartig Mal für Mal vor und spürt, dass ihre Reserven bald erneut aufgefüllt sind. Sie dreht den Wasserhahn zu, wodurch der Wasserstrahl augenblicklich versiegt. „Wenn ich geben will, muss ich auch annehmen lernen, damit ich im Gleichgewicht bin", sagt Anna sich vor und muss bei dem Gedanken unweigerlich lächeln: „Meine liebe Guter-Rat-für-den-Tag-App: Jetzt kann ich dir bald selbst eine Ratgeberin sein."

„Anna ist heute bei uns zu Besuch", sucht Paul mit Theresa neben sich im Wagen das Gespräch.
„Ist oder war?"
„Sie hat mich besucht. Und ich denke, dass sie noch da ist."
„Okay."
„Ich denke, ihr zwei versteht euch und es stört dich nicht?"
„Nein."
„Nein was?"
„Nein, stört mich nicht. Wird eh höchste Zeit", gibt sie altklug zurück und verdreht dabei die Augen nach oben. Ganz so, als ob sie ihm damit zeigen will, wie sie es hasst, wenn er denkt, dass sie eins und eins nicht zusammenzählen kann.
„Weißt du schon, wo du in den Weihnachtsferien sein willst?", wechselt Paul das Thema.

„Auf jeden Fall ein paar Tage bei dir – euch. Christbaum holen und so. Mama will schifahren gehen. Aber darauf hab ich gar keine Lust."
„Gerne. Ich freue mich."

In der Stube ist es noch warm, obwohl alle Türen im Haus sperrangelweit offenstehen – auch die hin zum Nebentrakt. Man kann nur erahnen, dass dort unter der sanften Auswölbung der Bettdecke jemand zusammengekauert schläft. Paul schiebt die mitgebrachte Fertigpizza ins Rohr und legt ein paar Scheiter nach, geht zum Fenster, zieht den Store zur Seite, der seine Aussicht trübt. Theresa macht ihre Runde und begrüßt, was begrüßt werden will.
Wie eine vage Ahnung nimmt er dann hinter sich ihre Anwesenheit wahr.
„Geht's besser?"
„Bestens, danke", schmiegt sie sich von hinten an ihn und folgt seinem Blick.
„Weiß sie, dass ich da bin?"
„Mir scheint, sie hat das erwartet."
„Wir Frauen haben für so was halt unseren sechsten Sinn."
Paul dreht sich zu ihr. Sie schaut ganz zerknautscht aus. Die Falten des Polsters haben sich tief in ihre linke Gesichtshälfte eingeprägt.
„Wie gehen wir zwei das jetzt weiter an?", fragt er, ohne von ihr eine Antwort zu erwarten.
„Wie weit kannst du gehen?", fragt sie ihn dennoch zurück.
„Wenn du es zulässt, bis ans Ende der Welt. Und du?"
„Die gute Geiß geht selbst zum Bock, hast du mir erst vor kurzem erklärt. Jetzt bin ich da. Direkt vor dir. Was willst du mehr?"
Noch bevor er zu einer Antwort ansetzen kann, legt sie ihren Zeigefinger auf seine Lippen und schaut ihn gewinnend an. Er versteht diesen Wink, greift behutsam nach ihrem Gesäß und hebt sie bis auf Augenhöhe hoch, als ob sie ein Spielzeug wäre. Sie schlingt ihre Beine um seine Hüften und ruht im Scheider-

sitz frei in der Luft. Für Paul scheint es fast, als ob die Kontur der Umgebung zerfließen würde. Es ist nichts mehr da außer ihr.

Unbewusst, doch wie auf Befehl neigen beide ihr Haupt zur Seite, ihre Lippen treffen sich ganz sanft und zart.

Kein Gedanke geistert nun noch durch Pauls Kopf, die Zeit steht für ihn förmlich still. Er küsst sie und erwidert es, wenn sie ihn küsst. Doch selbst das spürt er kaum, da er sich allein auf sie konzentriert. Sein störrischer Kopf ist jetzt nicht mehr von seinem folgsamen Körper separiert. Er fühlt sich überhaupt nicht getrennt, nimmt nicht einmal sie als zweite Persönlichkeit wahr. Von fern dringen vertraute Geräusche an sein Ohr. Es hört sich nach Theresa und ihrer Katze an. Er spürt, wie sich ihre Lippen von seinen lösen, die Last ihrer Hände auf Schultern und Rücken, in der Körpermitte den Klammergriff.

„Ich bin viel zu schwer für dich." Auch Anna scheint sich ihres Körpers wieder bewusst geworden zu sein, gleitet zu Boden und löst sich von ihm. Sie stellt sich aufrecht hin, lehnt sich an ihn und drückt ihn, so fest sie nur kann.

Die Haustür fliegt auf, Theresa poltert herein. „Ist die Pizza schon fertig?"

„Jeden Moment", antwortet Paul mit belegter Stimme. Sie löst die Umarmung, er hat weiche Knie.

„Hände waschen, aufdecken, dann können wir essen."

Wie ferngesteuert geht er zum Rohr, greift nach dem duftenden Inhalt, schiebt ihn auf ein hölzernes Schneidebrett. Die Extraportion Käse und Schinken, durch die eine Fertigpizza überhaupt erst genießbar wird, ist brennend heiß. Saft sickert unter dem Druck des Portioniermessers bei jedem nun geführten Schnitt heraus.

„Bitte zugreifen", lädt er seine beiden Damen ein, die bereits über etwas Belangloses reden. Ihm ist nicht nach Reden zumute, eigentlich hat er auch gar keinen Appetit. Doch als er auf dem elastischen Käse herumkaut, kommt dieser allmählich zurück.

Sechzehnter Akt

Nebelfetzen auf einer Lichtung, darauf regt sich etwas. Ein Auerhahn schreitet einen frisch gefällten Stamm entlang.

Es ist neblig und feucht, aus dem Grau sinken feine Schneekristalle zu Boden, es ist mucksmäuschenstill. Selbst Pauls Schritte kann man kaum hören, da die Umgebung alles verschluckt. Nur den kraftvollen Atem vernimmt man, als er die Steigung erklimmt.
Plötzlich: Nebelfetzen auf einer Lichtung vor ihm, darauf regt sich etwas. Paul bleibt stehen, bewegt sich nicht. Ein Auerhahn schreitet einen frisch gefällten Stamm entlang.
„Bist auch froh, dass dieses Dickicht endlich aufgeräumt wird", begrüßt er den scheuen Waldvogel, den selbst er nur dann und wann einmal sieht. Doch der scheint ihn keines Blickes zu würdigen, stolziert bis zum Stammende weiter und verschwindet im Dunst.
Seit Tagen räumt Paul hier heroben auf, was ein später Nassschnee im vergangenen Frühling angerichtet hat. Als ob eine Bombe eingeschlagen hätte, schaut es hier aus. Wipfel sind abgebrochen, ganze Stämme geknickt. Die Wurzelteller von umgestürzten Bäumen und das Wirrwarr aus Ästen und Holz versperren fast allem den Weg. Sich wie bei Mikado durch das Chaos arbeitend, entwirrt Paul das Durcheinander nun Stück um Stück. Er sägt die Äste von den Stämmen und zerteilt diese transportgerecht. Wo es im Weg ist, schichtet er das Astwerk zu Haufen. Vereinzelt stehen noch Bäume und bilden einen lückigen Bestand. Auch ihrem Schutz dienen Pauls Werken und der schrittweise Abtransport vom Holz. Würde er damit warten, würde die Natur das auf ihre Weise aufarbeiten: Insekten würden die Stämme befallen und auch die noch gesunden Bäume zum Absterben bringen. Nach und nach würde alles vermodern, bis dann nach Jahrzehnten ein neues Dickicht aus Jungbäumen in den Lücken emporwachsen würde. Das aber wäre Sünd und Schad, deshalb nutzt Paul, was er nutzen kann, und vergeudet nichts, weder Rohstoff noch Zeit.
Doch heute ist Paul selbst bei der Arbeit ganz leise und still. Er hat nur ein einfaches Werkzeug mit: einen Holzstiel mit stählernem Zinken darauf, der wie der Schnabel eines Falken gebogen ist und sich unter mit Gewalt geführtem Schlag tief in das frische Holz hineinbohrt. Ein scharfer Ruck genügt heute, um

die Stammabschnitte auf dem feuchten, teils glitschigen Untergrund in Bewegung zu setzen. Von unten nach oben arbeitet er sich, bringt die Stämme links und rechts seiner Liefergasse fischgrätenartig in Position. Dann arbeitet er von oben nach unten, beschleunigt Stamm für Stamm durch kräftigen Ruck, bis dieser von alleine ein Stück talwärts rutscht.
Allmählich wird es noch dunkler, als es bei dem trüben Wetter ohnehin schon gewesen ist. Auf dem Forstweg und der bergseitigen Böschung liegt eine ansehnliche Menge an Holz. Paul ist zufrieden mit seinem Tagwerk und tritt die Heimfahrt an. Am Hof ist alles finster, er ist wieder allein. Nur der Hund freut sich, dass er heimgekehrt ist.

Anna desinfiziert die chirurgischen Instrumente, räumt auf und schließt ab. Längst ist es draußen finster und sie meint, es müsse auch bei ihm schon eine Zeitlang Feierabend sein.
„Wie war dein Tag?", fragt Anna am Telefon.
„Gut, danke. Und deiner?"
In der Art plaudern die beiden minutenlang fort, ohne sich wirklich etwas zu sagen, nur um sich zu hören und in gewisser Weise nahe zu sein, und immer und immer wieder fällt ihr oder ihm noch etwas ein. Paul erkennt sich selbst fast nicht wieder, denn normalerweise sagt er, was er will, wartet die Antwort kaum ab und verabschiedet sich. Doch mit ihr ist das anders.
„Jetzt telefonieren wir schon so lange. In der Zeit hätte ich längst zu dir fahren können", überlegt er irgendwann laut.
„Dann komm doch!", unterstützt sie die in ihm keimende Idee.
Paul glaubt es selbst fast nicht. Es ist jetzt spät am Abend, und er macht sich auf zu einem Date. Dabei ist er aufgewühlt wie ein Schuljunge, handelt gegen jede Vernunft, schließt die Tür hinter sich, startet den Wagen, bringt den kurvigen Weg hinter sich und denkt nur an sie. Es nieselt immer noch. Der entgegenkommende Verkehr auf der feuchten Straße blendet ihn. Er ist es nicht gewohnt, um die Zeit noch unterwegs zu sein. Endlich erreicht er das Ortsgebiet, parkt vor der Praxis ein.

Unschlüssig zappelt er vor der Eingangstür hin und her, überlegt, ob er läuten, hupen oder einen Stein gegen ihr Fenster werfen soll. Doch ihr ist sein Kommen nicht entgangen, und so öffnet sie ihm die Tür.

„Komm herein! Du warst ja noch gar nie bei mir", überspielt auch sie ihre Unsicherheit, lotst ihn durch das Stiegenhaus und drückt die Wohnungstür hinter ihm vorsichtig ins Schloss.

„Bitte." Er überreicht ihr ein kleines Paket, das er in aller Eile für sie in Geschenkspapier eingedreht hat.

„Nur eine Kleinigkeit. Rohwürste. Selbst gemacht. Eigentlich dürfte ich sie dir gar nicht geben. Das Fleisch hat nämlich kein Tierarzt beschaut ..."

„Dann holen wir zwei das jetzt nach", hakt Anna das Thema nun lächelnd ab, legt das Paket zur Seite und widmet sich ihm ohne ein weiteres Wort. Sie zippt seine Jacke auf, fährt mit beiden Händen vom Bauch her kommend unter sie und streift sie ab, bis sie zu Boden fällt. Dann spannt sie ihre Fußmuskeln an, stellt sich auf ihre Zehenspitzen und wächst auf diese Weise ein wenig empor. Gleichzeitig packt sie ihn im Genick mit der einen und am Rumpf mit der zweiten Hand, zieht ihn zu sich und küsst ihn wie wild. Paul wehrt sich nicht, findet sofort in ihren Rhythmus hinein.

Das gleichförmige Tropfen auf das Blech am Fenstersims ist kaum noch zu hören. Weich und warm ruht sie neben ihm, die Beine leicht angewinkelt, den Kopf von ihm abgewandt. Er wendet sich zu ihr, vervollständigt sie in dieser Form, küsst zart ihren Nacken und will so dicht wie möglich bei ihr sein. Doch im Hinterkopf weiß Paul, was das Leiserwerden des Regens zu bedeuten hat: Schnee. Und seine innere Uhr sagt ihm, dass bald der Morgen graut.

Sich jetzt von ihr losreißen zu müssen, schmerzt. Es ist fast, als ob ein Teil von ihm dabei herausgerissen wird. Aber es hilft nichts, sein Vieh wartet auf ihn, er muss los. Mit einer letzten behutsamen Berührung seiner Lippen haucht er alles Verlangen

an sie aus sich heraus und hüllt sie gleichsam damit ein. Doch bevor er sich unbemerkt von ihr losmachen kann, dreht sie sich um und zieht ihn mit unwiderstehlicher Intensität noch einmal an sich heran. Die Lippenpaare treffen sich, ergänzen sich.
„Komm!", bittet sie ihn, und erneut ist es um Paul geschehen.

Wie ferngesteuert montiert Paul die Ketten auf die Hinterräder. Trotz Allrad und Differentialsperre rutscht das leichte Heck des Pick-up auf dem seifigen Neuschnee seitlich weg. Dann endlich, mit Getriebeuntersetzung und dosiertem Gas, spurt er sich den Weg durch das patzige Weiß.
Das Vieh ist unruhig, erwartet ihn schon. Rasch wechselt er sein Gewand, füttert eine Ration aus seinen Vorräten ein. Dann einheizen, Hund versorgen, eine Kleinigkeit zwischen die Zähne, dazu eine Tasse mit Milchkaffee.
Im Bad blickt er in den Spiegel, erkennt sein Gesicht, hat aber das Gefühl, sein Selbst sei nicht da, als hätte er es bei ihr unten liegenlassen.
„Voll erwischt", gesteht Paul sich ein, denn vorbei ist es mit aller ihm sonst eigenen Besonnenheit.
Paul schaufelt matschigen Schnee, keucht. Der Nebel reißt auf, es schneit auch nicht mehr. Das Blau wird immer strahlender, bis schließlich, so nach und nach, sogar die Sonne wärmend auf ihn niederscheint. Von den Dächern rutscht Schnee, gibt der Landschaft Farbe zurück. Auch von den Bäumen tropft es. Der Boden ist noch nicht gefroren, Wasser sickert und rinnt.
Er geht ins Haus, greift zum Telefon, legt es jedoch wieder zurück. Er wandert von Fenster zu Fenster, geht vor die Tür. Am Waldrand oberhalb des Hauses steht Rotwild, scharrt mit den Hufen den Schnee zur Seite und frisst die kärglichen Reste vom Gras. Er sollte noch ein paar Stück schießen, hat dazu jetzt aber keine Lust. Erneut greift er zum Telefon.
„Alles gut bei dir?", tippt er in die Tasten.
„Du fehlst" und ein Emoji mit gebrochenem Herzen kommen postwendend zurück.

Paul ist unschlüssig, von den wenigen Buchstaben jedoch bis ins Mark berührt.
„Bis gleich", tippt er zurück, schüttelt aber gleichzeitig den Kopf über den offensichtlich von Hormonen gesteuerten Verlust seiner Urteilsfähigkeit.

Wieder parkt Paul vor der Praxis, doch diesmal ist er nicht der Einzige. Im Warteraum sitzt eine Frau mit einem Container voller Katzen. Sie scheint ihn zu erkennen, grüßt höflich. Er nickt freundlich zurück, murmelt, er müsse nur kurz …
Vorsichtig klopft er, öffnet die Tür einen Spalt, lugt ein wenig hinein. Anna hat einen weißen Kittel und Einweghandschuhe an. Der Hund auf dem Behandlungstisch ist uralt, sein Herrl ebenso.
„Da links sind die Schlüssel. Eine Stunde brauch ich noch", fordert sie ihn halblaut auf, gleich wieder zu gehen. Also nimmt er die Schlüssel, steigt hinauf ins Obergeschoß und wartet auf sie wie jemand, der bestellt, aber nicht abgeholt worden ist.
Die Wohnung ist klein, dafür randvoll möbliert. Überall stehen kleine Mitbringsel herum, vieles hängt dicht gedrängt an den Wänden. Auf dem Tisch befinden sich mehrere Schalen mit Resten von Tee. Er ist unschlüssig, was er hier ganz allein tun oder lassen soll.
In der Hose vibriert es: „Lasagne wäre im Eisfach. Okay?"
Also steht er auf, öffnet den Kühlschrank und holt einen von feinen Eiskristallen überzogenen Kunststoffbehälter hervor. Er lässt warmes Wasser in die Spüle ein, stellt den Behälter hinein und sieht zu, wie das Eis vor ihm langsam zerrinnt.
Dann endlich wird die Türschnalle von außen nach unten gedrückt, Anna hastet herein: „Entschuldig. Du weißt ja, die Pflicht."
Sie greift in die Spüle, schiebt ihn zur Seite und die Lasagne in die Mikrowelle. „Gleich, mein Schatz." Damit dreht sie sich um und ist wieder fort.

Bald darauf schrillt der Alarm, Paul öffnet die Tür. Unter der Folie blubbert es. Wieder schiebt ihn Anna, die gerade aus dem Badezimmer kommt, zur Seite.
„Etwas Geduld noch." Sie schaltet die Mikrowelle noch einmal ein, tippt etwas ins Telefon, klemmt es zwischen Schulter und Ohr, bestellt irgendetwas. Mit einer Hand kramt sie in der Bestecklade, die zweite liegt wie zur Beruhigung auf seiner Schulter. Mit den Augen deutet sie ihm dann, er möge die Tassen auf dem Tisch zur Seite räumen. Er tut, wie ihm geheißen und setzt sich dann hin.
„So", haucht sie alle Geschäftigkeit aus. „Jetzt bin ich bei dir."
Doch Paul hat den Eindruck, dass sie es noch immer nicht ist. Erst als sie die dampfende Lasagne aus der Kunststoffform stürzt, sie halbiert und die Teller serviert, scheint sie konzentrierter und langsamer zu werden. Beide sitzen auf ihren Stühlen bei Tisch, sie sieht ihn an, rückt mit ihrem Sessel noch einmal zurück, schiebt Tisch samt Beladung zur Seite. Dann setzt sie sich quer auf seine Oberschenkel, damit er sie in den Arm nehmen kann.
„So geht das nicht", stammelt sie und reißt sich abermals los, dreht sich um 90 Grad und hockt sich rittlings auf seinen Schoß. Damit gewinnt sie an Höhe, packt sein Gesicht mit beiden Händen, neigt sich ein wenig herab. Ihre Augen sind längst geschlossen, dennoch finden ihre Lippen seine Stirn, arbeiten sich knetend tiefer, bis sie die seinen berühren.
„Komm mit!", flüstert sie ihm unter zarter Berührung ins Ohr. „Wir machen es uns da drinnen bequem."

Auf der Oberfläche der Lasagne hat sich eine Kruste gebildet, sie ist kalt, schaut nicht sehr appetitlich aus. Anna geht an ihr vorbei und holt Fruchtsaft für Paul und für sich selbst. Dann kriecht sie wieder unter die Decke, kuschelt sich an ihn.
„Ich weiß so wenig über dich. Du musst mir alles erzählen."
Doch Paul fällt nichts ein und er hat auch das Gefühl, dass sie im Moment gar nicht hören will, was ihn beflügelt und quält.

„Beim Essen?", fragt er zurück, und sie schielt ihn von der Seite her fragend an. „Wir könnten später essen gehen und uns etwas aus unserem Leben erzählen."

Anna sagt nichts, drückt sich nur fester an ihn, will einfach nur hier dicht bei ihm und von ihm angenommen sein. In seiner Nähe drängt sie auch nichts dazu, drei Dinge gleichzeitig zu tun, dafür aber nirgendwo wirklich bei der Sache zu sein.

Ihre Augen fallen schon zu, doch vor dem Eindämmern kommt ihr unwillkürlich ein Zitat in den Sinn, das sie in ihrem Urlaub in einem Buch gefunden hat: „Wenn du stehst, dann steh! Wenn du gehst, dann geh! Das ist es, was über Zen zu sagen ist." Beim Lesen hat sich ihr der Sinn noch nicht erschließen wollen, doch nun, in diesem Moment, erscheint ihr auf einmal alles ganz klar. Es geht um eine Bewusstseinsübung und darum, voll und ganz bei der Sache zu sein – ihm und nur ihm in diesem Moment nahe zu sein. Zufrieden schläft Anna ein.

Paul schlägt die Augen auf und muss sich orientieren. Es scheint draußen dunkel zu sein, doch er ist noch nicht ganz wach. „Anna – ein Traum?", überlegt er und fühlt in sich hinein. Ihm ist warm. Erst als er sich nachdrehen will, merkt er, dass ihr Kopf auf seinem Oberarm ruht.

„Kein Traum", bestätigt er, dann fällt ihm alles nach und nach ein. Doch allmählich zerfließt die angenehme Erinnerung, denn das schlechte Gewissen meldet sich. Er hätte zu Hause sein sollen. Einiges an Arbeit steht an.

Vorsichtig schält er sich unter ihr heraus, geht in den Nebenraum, trinkt etwas, erleichtert sich.

Zweifel nagen an ihm: „Zurück zu ihr? Grußlos davon?" Er weiß nicht, was tun. Vorsichtig lässt er sich am Rand des Bettes nieder, betrachtet sie, wie sie im Halbdunkel reglos daliegt, offenbar tief und fest schläft. In Gedanken geht Paul den Plan durch, den er ausgeklügelt hat, um die Arbeit so rasch wie möglich zu erledigen. Was nicht dringend notwendig ist, kann er auch ein andermal tun, doch die Betreuung des Viehs kann er

nicht aufschieben, sondern höchstens und nur ausnahmsweise weniger gewissenhaft durchführen.
Nun tastet sie nach ihm, er reicht ihr die Hand.
„Bevor wir essen gehen, muss ich unbedingt heim."
„Sind dir deine Damen wichtiger als ich?"
Paul ist sich nicht sicher, ob sie das als Scherz oder Tadel meint. Dann stützt sie sich auf, rekelt sich, atmet tief aus, presst seinen Arm dicht an sich.
„Ich wärme dir das Essen schnell auf", besinnt sie sich dann und rafft sich auf, geht in die Küche, hantiert mit Geschirr und schaltet die Mikrowelle ein. Bald duftet es vertraut, Pauls Magen knurrt. Wortlos stochern beide dann auf ihren Tellern herum, blicken sich gelegentlich gegenseitig ganz verträumt an, bis sein Pflichtgefühl Oberhand gewinnt.
„Ich will wirklich nicht, aber ich muss", entschuldigt er sich.
„So einfach kommst du mir nicht davon", sagt sie in mütterlichem Ton, schiebt den Tisch zur Seite und setzt sich auf seinen Schoß. Die eine Hand legt sie um seine Schulter, mit der anderen streicht sie durch sein kurzgeschnittenes Haar, mustert ihn, blickt ihn vielsagend an. Als wolle sie ihn segnen, berühren ihre Lippen nun seine Stirn. Paul getraut sich kaum, sich zu bewegen, gibt sich ihr einfach vertrauensvoll hin.
„Sehen wir uns morgen?"
„Am Abend? Bei mir?"
„Okay. Bei dir." Noch einmal drückt sie ihre Lippen auf seine Stirn und erhebt sich, damit er aufstehen kann. Benommen kleidet Paul sich fertig an, steigt in den Wagen, fährt endlich los. Der Gegenverkehr blendet, das ermüdet ihn. Schließlich biegt er in Richtung Hofzufahrt ab. Im Schatten liegt noch immer der gestrige Schnee, doch er knirscht. Unter dem klaren Himmel scheint es kalt geworden zu sein. Untertourig klettert der Wagen die Steigung empor, dann ist er daheim. Der Hund winselt, in der Stube ist es kühl. Im Stall tut sich wenig. Seine Damen scheinen mit ihm zufrieden zu sein.

Das tiefe Muhen aus dem Stall ist ein Alarmsignal. Paul schaut auf die Uhr: „Verschlafen!" Mit bleischweren Füßen und verschwollenem Gesicht schält er sich aus dem heimeligen Bett. Für seinen Morgenkaffee fehlen ihm jetzt die Nerven, die Unruhe im Stall hält er nicht aus. Er kleidet sich an und füttert ein. Seine Finger frieren. Das teilweise feuchte Viehfutter hat seine Handschuhe durchnässt, sodass die Kälte nun in den Fingern sticht. Es ist viel kälter als erwartet und diese Temperatur ist er noch nicht gewöhnt. Im Spätwinter denkt er sich gar nichts dabei, doch nun macht er Fingerübungen, damit er sie wieder erwärmt.

Ein Teil der Rinder frisst, doch noch immer herrscht Lärm. Was er schon befürchtet hat, bestätigt sich nun: Der Frostwächter an der Tränke ist defekt – oder nur nicht an die Stromversorgung angesteckt?

Paul geht in die Werkstatt, holt Verlängerungskabel und Heißluftföhn. Mit seiner Gerätschaft drängt er sich zwischen dem unruhigen Großvieh durch. „Hab ich vergessen, tut mir leid. Gleich ist es wieder so weit", will er dieses besänftigen, doch es hört nicht auf ihn. Unter der geballten Hitze des Wärmestroms beginnt das Wasser bald zu tropfen, dann fließt es. Gierig drängt sich nun alles rund um ihn, sodass er Mühe hat, sich selbst zu befreien. Paul ärgert sich – über sich selbst.

Die Praxis ist leer, obwohl noch Ordinationszeit ist. Anna steckt sich das Headset ins Ohr und wählt Magdalenas Nummer, von der sie schon seit Tagen nichts mehr gehört hat. Die beiden albern herum, erzählen sich, wie es ihnen gerade geht: die eine in ihrem neuen Job beim städtischen Zoo, die andere hin- und hergerissen zwischen „unten und oben", zwischen sich und ihm.

Stillsitzen kann Anna nicht, deshalb geht sie in ihre Wohnung, kostet vom Inhalt ihres Geschenks. Die geräucherten Würste duften intensiv, sind ideal für zwischendurch als kleiner Snack. Aus dem Augenwinkel beobachtet sie den Parkplatz, nur für den Fall, dass doch noch jemand kommt. Aber es tut sich nichts.

Dann wäscht sie ihre fettigen Hände, bettet die Liegestatt auf, räumt Geschirr und den Rest der Lasagne weg. Noch immer tut sich nichts und der Gesprächsstoff geht aus. Sie nimmt das Headset ab und blättert in einem Buch. Verstohlen schielt sie dorthin, wo sie das Päckchen mit den Karten weiß, die sie so gerne befragt, doch sie getraut sich nicht. Dennoch legt sie das Buch zur Seite, schaltet ihr Tablet an.
„Vielleicht sagst du mir ja etwas", denkt sie in Richtung ihrer ein wenig vernachlässigten App und ruft den Ratschlag des Tages ab: „Frag nach keiner Antwort, wenn du die Lösung schon kennst!"
Anna spürt, wie sie Gänsehaut bekommt. „Also glaubst auch du, dass er der Richtige ist?"

Paul zerrt an dem von ihm in den vergangenen Tagen abgelängten Holz, doch der oberflächlich krustig gefrorene Schnee hält es fest. Es hat keinen Sinn. Wenn nicht noch ein Weihnachtstauwetter kommt, muss er die Arbeit auf das Frühjahr vertagen. Dann besichtigt er den Bereich der vom Schnee umgedrückten Stämme erneut, wo das Chaos langsam überschaubar wird. An den frischen Abdrücken erkennt er, dass der Auerhahn auch nach dem Schneefall hier gewesen sein muss, was Paul ein zufriedenes Lächeln entlockt. Schließlich fährt er den Forstweg ein paar Kehren weiter hinab, bis das Gelände flacher und der Schnee weniger wird. Hier steht viel überreifes Holz, das er nun ernten will.
In der Brusttasche der Arbeitshose vibriert es, hier gibt es Empfang. Sie hat ihm ein Foto geschickt, das sie zeigt, wie sie ihre Lippen in seine Richtung spitzt. Er versucht das auch, ist mit der Handhabung der Elektronik jedoch wenig vertraut. Die Handschuhe stören, er flucht. Dann schließt er die Augen, besinnt sich auf sie und hält diesen Gesichtsausdruck für sie fest. Auf ihn wirkt das so gezeitigte Ergebnis wenig gelungen, aber gleichzeitig weiß er nicht, was sie in ihm sieht. Also schickt er es ab, wartet noch zu, doch es kommt nichts zurück. Deshalb

startet er seine Kettensäge und kerbt den ersten Stamm auf der Seite ein, auf die er ihn umlegen will.

Es ist noch lange nicht Abend, doch Anna ist schon bei ihm. Sie nimmt den Schlüssel aus dem ihr bekannten Versteck und wird vom Hund überschwänglich begrüßt. Im Haus ist es still. Mehr aus Langeweile denn aus Interesse geht sie zum Stall. Das Vieh schreckt hoch.
„Schon gut. Ich bin nicht dienstlich da. Wir werden uns jetzt sicher öfter sehen", stellt sie sich vor. Sie weiß nicht, ob es die Worte sind oder der Hund an ihrer Seite, aber einige der Rinder kommen nun neugierig zurück. Sie gabelt die Reste vom Futter in ihre Reichweite und unterhält sich weiter mit ihnen. Eines ist sogar so dreist, dass es sich kraulen lässt. Von hinten nähert sich eine Ziege, zupft am Stiefelrand. Deren Geruch erinnert sie an den Feigenhain. Dann geht sie weiter rund um den Hof, bis sie alles begutachtet hat. Manche Gebäude oder zumindest Teile davon sind brandneu, während andere schon bessere Zeiten gesehen haben. Dass ein Bauernhof selbst so etwas wie ein Organismus ist, der laufend neu entsteht und daneben wieder vergeht, ist hier nicht zu übersehen.
Zurück im Haus heizt Anna den Zusatzherd ein. Das Knistern in der sonstigen Stille reicht ihr, sie fühlt sich nicht mehr allein. Dann geht sie in „ihren" Raum im Nebentrakt, doch der scheint gänzlich leer zu sein. Hier hält sie nichts, nicht einmal die Erinnerung an Magda und Thorsten, die ihm damals Leben eingehaucht haben.
Als sie „sein" Zimmer betritt, schämt sie sich fast. Er hat ihr zwar versichert, dass sein Haus auch ihr Haus sei, aber es ist ihr ein wenig, als hinterginge sie ihn, als dränge sie – während er nicht da ist – in seine Privatsphäre ein. Auf seinem Nachttisch liegt nur ein Buch. Sie schlägt es dort auf, wo das Lesezeichen eingelegt ist, und liest etwas über die Vereinigung mit einer Frau: „Wer den Weg des Schamanen beschreiten will, braucht viel Energie. Sehr viel Energie, die man nicht allein über die

Nahrung zuführen kann. Er kann sich zu diesem Zwecke mit Luft, Wasser, Feuer und Erde verbinden, doch auch mit ihr, die treu an seiner Seite ist."

Wieder kriecht Gänsehaut über Annas Rücken. „Treu an seiner Seite? Ja, das bin ich", bestätigt sie und versucht, Luft, Wasser, Feuer oder die Erde zu spüren, als der Hund winselt und die Haustür knarrt.

„Ist es schon Abend?"

„Du hast mir gefehlt."

„Du hast mir auch gefehlt."

„Ich war gerade in deinem Zimmer ..."

Paul legt einen Finger auf ihre Lippen, um sie am Sprechen zu hindern: „Gute Idee ..."

Siebzehnter Akt

„Komm!", ermuntert Anna ihn.
„Es passiert dir schon nichts.
Ich möchte mit dir nur ganz kurz andächtig sein."

Die Lehrerin scheint mit Sabine nur Smalltalk zu führen, Paul gesellt sich dazu, findet aber nicht in den Gesprächsfluss hinein. Jeden Moment müssen die Kinder durch die Ausgangstür strömen und voller Vorfreude auf die kommenden Ferien sein. Nun dreht sich Sabine zu Paul und küsst ihn links und rechts auf die Wangen, als ob sie ihn damit ein wenig ärgern will, denn gleichzeitig stupst sie ihn freundschaftlich an, was ihm ein Lächeln entlockt.
„Ich hab dir alles für Resa zusammengepackt. Am Tag nach Neujahr bin ich wieder da und komm sie holen."
„Okay. Ich hoffe, sie langweilt sich nicht."
„Kinder sollen sich langweilen dürfen", mischt sich die Lehrerin ein. „Das fördert ihre Kreativität."
„Gib aber auf sie acht!", mahnt ihn Sabine. „Weihnachten ist ein Familienfest und da zählt sie auf dich. Ist ‚sie' auch bei dir?"
„Anna? Zwischendurch, denke ich. Ich hoffe, die zwei verstehen sich."
„Brich ihr nicht ihr kleines Herz!"
„Mach ich nicht."
Da kommt die Tochter der beiden auch schon aus der Schule gestürmt, begrüßt sie nur beiläufig und verabschiedet sich fast noch im Vorbeigehen schon wieder. Sie scheint es eilig zu haben, von hier wegzukommen. Doch im Wagen findet sie rasch wieder zur Ruhe.
„Einen Christbaum müssen wir auch erst holen", will er das Eis brechen.
„Darf ich ihn heuer schmücken?"
„Wenn du möchtest." Den Hinweis, dass das eigentlich Angelegenheit des Christkinds wäre, spart er sich. So wie Resa will ja auch er ein wenig ernstgenommen werden.
„Anna kommt ab und zu wahrscheinlich auch zu Besuch".
„Hat sie mir gesagt."
„Hat sie?", fragt Paul ungläubig zurück.
„Hab sie beim Einkaufen getroffen. Dann war ich bei ihr mit auf einen Tee. Sie liebt Tee, weißt du?"
„Davon weiß ich gar nichts, und Mama?"

Theresa zuckt nur mit den Achseln. „Sie nimmt etwas zum Keksebacken mit. Dürfen wir?"

„Auf keinen Fall", sagt Paul ganz ernst mit bestimmendem Ton, doch selbst das zieht bei ihr nicht.

„Danke", himmelt sie ihn an. „Hilfst du auch mit?"

„Bringt das nicht Unglück, wenn Männer vor den Feiertagen die Frauen in der Küche stören?"

„Du glaubst ja gar nicht an so was", gibt sich Theresa ein wenig enttäuscht.

„Natürlich helfe ich euch gerne, wenn ich darf."

„Du hast nichts davon erzählt, dass du Theresa beim Einkaufen getroffen hast", fährt Paul Anna ziemlich harsch an.

„Kein Willkommenskuss?" Sie schaut ihn treuherzig an. „Ich hab befürchtet, es könnte dir nicht recht sein. Aber ich hab mich noch mehr davor gefürchtet, dass Resa mir übel nimmt, wenn ich in ihren Ferien auch bei dir bin."

„Tut mir leid", entschuldigt sich Paul, wirkt aber immer noch kühl und hart in seiner aufrechten Haltung mit den verschränkten Armen.

„Ihr habt euch zufällig getroffen?"

„Ja, wenn es so etwas wie Zufall gibt. Ich hab den Eindruck gehabt, dass sie sich gefreut hat, mich zu sehen. Mir ist es nicht anders ergangen, alles Weitere hat sich ergeben."

„Tut mir leid", wiederholt sich Paul und scheint dabei lockerer zu werden. Er lässt es nun zu, dass sie nähertritt und nach seinen Handflächen greift. Dabei schaut sie schräg von unten zu ihm hinauf, um zu sehen, wie er darauf reagiert. Alles in ihrem Inneren vibriert, daher ist sie voller Zuversicht, dass der Versuch gutgehen wird. Als der Augenkontakt nun endlich hält, schließt sie die ihren und neigt den Kopf so, dass sie ihm ganz nahe ist. Einen winzigen Spalt nur sind ihre Lippen geöffnet. Durch ihn entlässt sie einen ganz langen, gehaltvollen Atemzug, der alle Last von ihr nimmt. Da spürt sie seine Lippen, trocken und rau. Gefühlvoll erwidern die kantigen Hände ihren behutsamen Druck. Dann hört sie auf zu denken und gibt – was auch immer das ist.

Paul hat weiche Knie. Schon während er sie zur Rede gestellt hat, hatte er den Eindruck, ihr Unrecht zu tun. Irgendetwas in ihm hat ihm gesagt, dass sie es gut mit ihm meint. Doch die Sorge um Theresa hat wohl seine Wahrnehmung getrübt. Und nun steht sie da, berührt ihn mit Lippen so zart, als ob sie aus Wolken wären. Wolken – ja, wie auf Wolken fühlt er sich. Sie tragen ihn – jetzt, aber eine falsche Bewegung und alles könnte ganz anders sein.

„Bleib ruhig noch im Bett", flüstert Paul ihr ins Ohr und bedeckt ihren freiliegenden Nacken mit Küssen. Anna rekelt sich, aber antwortet nicht, als er sich erhebt. Bald darauf hört sie, wie sich der Geräuschpegel im Stall ändert. Nun startet er ganz offensichtlich eine Maschine. Also rafft auch sie sich auf und geht in den Wohnraum. Es ist bereits warm dort, dennoch heizt sie den Herd ein – um irgendetwas Sinnvolles zu tun. Der Hund kratzt an der Tür. Normalerweise bleibt er während der gesamten Stallzeit in der Nähe von Paul, zieht um den Hof seine Runden, inspiziert alles. Doch ihre Anwesenheit ist ihm nicht verborgen geblieben. Anna will sich hier einbringen, also kleidet sie sich fertig an und geht in Richtung Stall, auch der Hund will wieder mit. Paul tätschelt ihm den Kopf, empfängt sie mit einem Kuss und drückt ihr eine Heugabel in die Hand, mit der sie das Futter gleichmäßig auf den Fressbereich aller Rinder verteilen soll. Eines von ihnen schleckt ihr dabei von hinten über das Bein. Ob es das selbe vom letzten Mal ist, lässt sich schwer sagen.

Als alles erledigt ist, nimmt Paul Anna bei der Hand und zeigt ihr den Hof: die Geräte, Maschinen, Gebäude. Als sie bei der Hauskapelle vorbeikommen, vor deren Eingang alte Holzreste lagern, dreht sie sich zu ihm hin: „Was kann ich tun?"

„Es ist schön, dass du da bist. Du brauchst nichts zu tun."

„Ich will nicht dein Gast sein", sagt Anna bestimmt und schaut ihn dabei flehend an. „Ich will an deiner Seite sein; schwitzen, wenn du schwitzt; frieren, wenn du frierst – wenn du mich lässt."

Paul sieht, wie ernst es ihr damit ist, würde sie am liebsten nur fest an sich drücken. Doch er hat das Gefühl, das Thema ist für sie wirklich eine Last.

„Mein Haus ist dein Haus – wenn du das tatsächlich willst. Deinen Platz hier musst du dir selbst suchen und ihn entsprechend gestalten. Von mir aus hast du freie Hand."

„Das ist aber riskant", versucht sie es mit einem Scherz, doch ein paar ganz dicke Tränen rollen über ihre Wangen. Paul nimmt ihr Gesicht in seine beiden Hände und wischt diese mit seinen Daumen zur Seite. „Mein Wohlergehen liegt in deiner Hand", haucht er mit beschlagener Stimme, während auch seine Augen zu tränen beginnen. Ein tiefes Schluchzen entfährt Annas Brust, sodass es sie richtig zu schütteln beginnt und sie sich erst nach einer Weile wieder fängt.

Wie erhofft hat das Weihnachtstauwetter den schon hart gefrorenen Schnee großteils schmelzen lassen. Es ist aber noch so feucht, dass Paul die Stämme des umgedrückten Jungwaldes leicht händisch ins Tal liefern kann. Fischgrätenartig arbeitet er sich wieder von unten nach oben. Um die verbliebenen Bäume gegen Stammschäden zu schützen, begrenzt er die Ränder seiner Holzrutsche mit den dort liegenden Rundhölzern, die das später von oben mit Schwung nachrutschende Holz lenken und leiten sollen. Doch als er ein solches Stück Holz, das sicherlich das Doppelte seines eigenen Körpergewichts hat, in Bewegung bringt, dreht dieses sich quer und schlägt am Stammfuß eines vitalen Baumes ein großes Stück Rinde ab.

„Tut mir leid", entschuldigt sich Paul spontan und verzieht schmerzerfüllt sein Gesicht, bevor der Ärger über seine Fehlleistung in ihm Oberhand gewinnt. Doch was geschehen ist, ist geschehen und lässt sich nicht mehr rückgängig machen.

Als er später in der nun früh einsetzenden Dämmerung heimfährt, ist sein Haus hell erleuchtet. Aus dem Inneren dringen

Musik und der Geruch nach Weihnachtsbäckerei. Einträchtig stehen Anna und Theresa an der Anrichte, wo sie kneten, ausstechen, formen. Von hinten sehen sie fast wie Mutter und Tochter aus.
Ganz so, als wäre das längst Routine, heißen ihn die zwei willkommen, servieren ihm etwas zu essen und erzählen sich, wie der Tag so gelaufen ist.

„Du musst wirklich nicht mitkommen", flüstert Paul in Annas Richtung und hält dabei ihre Hand. „Aber du kannst natürlich gerne, wenn du willst." Es ist zu dunkel im Raum, um zu sehen, wie sie auf das Angebot reagiert. Da sich ihre Hand aus der seinen löst, sie sich energisch auf ihn rollt und ihm dabei einen flüchtigen Abschiedskuss gibt, wird ihre Entscheidung wohl schon gefallen sein.
„Kaffee?"
„Später. Und du?"
„Dich. Später."
Anna geht nicht darauf ein. „Ich hab meine Stallsachen hier in die Umkleidekammer gehängt. Ich hoffe, das ist dir recht."
„Solange noch Platz für meine Sachen bleibt, ist mir alles recht."
Hand in Hand gehen die beiden nun durch die Dunkelheit zum Stall – er trittsicher, sie weniger. Es ist ihr schon mehrmals aufgefallen, wie furchtlos und zielstrebig er auch ohne Licht einen Weg oder Steig im Wald findet, ohne zu stolpern oder grundlos ängstlich zu sein. Die Vernunft sagt ja auch ihr, dass es hier nichts geben kann, was wirklich bedrohlich wäre. Die Geräusche und Schatten erwecken in Anna aber nicht unbedingt ein Gefühl der Geborgenheit.
„Um diese Jahreszeit kann man morgens oft Sternschnuppen sehen", sagt er mit fester Stimme, bleibt stehen und lässt die Blicke schweifen. Und tatsächlich huscht vor den beiden für Bruchteile von Sekunden ein Funken über das Firmament, gleich darauf ein zweiter.
„Wünsch dir was, wenn du willst."

Anna fällt spontan nur ein Wort ein, das kurz genug ist, um während des raschen Aufblitzens von ihr ausgesprochen zu werden. Konzentriert sucht sie den Himmel ab und lässt die zahllosen Lichtpunkte auf sich wirken.
Da, plötzlich wieder ein Huschen, das gerade lang genug dauert, damit sie ihr Wort tonlos denken und dem Licht mitgeben kann.
„Machst du das jeden Tag?"
„Was?"
„Ja, dir selbst auch etwas wünschen."
„Eigentlich nicht. Hier heraußen wirken meine Wünsche so lächerlich klein."
Während der Arbeit im Stall beginnt es zu tagen. Als beide fertig sind, ergreift sie seine Hand.
„Komm, ich will dir was zeigen."
So wie tags zuvor bleiben die beiden vor der Hauskapelle stehen. Die Altholzreste lagern nun nicht mehr vor der Eingangstür, sondern sind so gestapelt, dass man sie mit der Palettengabel wegheben kann.
„Du gehst da nicht so oft hinein?"
„Nein."
„Begleitest du mich – ausnahmsweise?"
Ihm voranschreitend öffnet Anna die nur angelehnte schwere Holztür und tritt ein. Paul bleibt unter dem Türstock stehen, als wolle er dort auf sie warten.
„Komm!", ermuntert sie ihn. „Es passiert dir schon nichts. Ich möchte mit dir nur ganz kurz andächtig sein."
Zum Erstaunen von Paul ist der kleine Raum gar nicht so düster und leer, wie er ihn in Erinnerung hat. Es riecht angenehm, etwa so wie das Lesezeichen, das ihm Anna damals in sein Buch gelegt hat. Auf einem kleinen Sims an der Wand brennt ein Dauerlicht. Die Nische darunter ist bemalt und zeigt das nächtliche Himmelszelt. In ihr steht eine geschnitzte Statue, ein wallendes Kleid schmiegt sich schützend um das von ihr getragene Kind und an die vor ihr ausgebreitete Welt, während sich eine Schlange wie ein Verteidigungswall um ihre Beine schlingt. Davor steht ein Tisch, der behelfsmäßig als Altar dient und mit frischem Zirbenreisig geschmückt ist.

Anna scheint in Gedanken versunken zu sein. Schließlich bekreuzigt sie sich – und ihn, wie es Mütter gerne bei ihren Kindern tun. Wortlos stiehlt sie sich davon und lässt ihn mit sich allein.
Als er ins Haus nachkommt, brüht sie gerade seinen Kaffee.
„Was wolltest du noch gleich zum Frühstück?", fragt sie, als er im Näherkommen mit seinem Arm an ihr streift, sich hinter sie stellt und die Arme um ihre Taille legt.

„Heute musst du nicht in den Wald, oder?", will Anna mit ihrem Tee in der Hand von ihm wissen.
„Doch. Kurz. Mit Theresa einen Christbaum holen."
„Gut. Ich bin am Vormittag in der Praxis, dann ist sie in der Zeit nicht allein. Ich komm heute auch nicht mehr zurück zu euch, damit ihr den Abend über ungestört seid. Ich denke, das ist besser so." Dann schwemmt Anna ihre Tasse aus, streicht ihm verträumt übers Haar und verabschiedet sich.
Wenig später hört man schon Theresa und Kira umhertollen, beide sind ausgelassen wie junge Hunde.
„Fährst du mit, um einen Christbaum auszusuchen?"
„Darf ich ihn dann schmücken?"
„Ja, so war es ausgemacht."
Ohne jede Eile machen die beiden sich fertig. Paul steuert den Wagen zu dem Schlagort, auf dem er mit der Holzernte begonnen hat. Hier stehen einige riesige Bäume mit schönen Wipfeln, die er ohnehin schlägern will. Also fällt er den ersten und sieht sich den Wipfel aus der Nähe an, der durch die Wucht des Aufpralls jedoch stark beschädigt ist. Mit dem nächsten Baum zielt er so, dass dieser über die ausladenden Äste eines zweiten rutscht und damit langsamer zu Boden sinkt. Hier brechen nur wenige Zweige ab, sodass der Wipfel auf drei Seiten heil geblieben ist – mehr braucht es nicht, denn die vierte Seite steht ohnehin verdeckt im Zimmereck. Die kurztriebigen Zweige im Kronenbereich sind zusätzlich voller Zapfen, womit auch Theresa zufrieden ist. Daheim ständern sie den Baum auf, damit das Mädchen ihn schmücken kann.

Später, als es schon dunkel ist, legt Paul ein paar Päckchen darunter, entzündet die Kerzen und ruft sie herein. Als ob sie ein Kleinkind wäre, spiegeln sich die flackernden Lichter in ihren glänzenden Augen – sie scheint wirklich ergriffen und glücklich zu sein.

„Bist du nicht neugierig?", will Paul mit Blick auf die Päckchen später wissen.

„Liest du mir zuerst die Weihnachtsgeschichte vor? Bitte! Die lange!"

„Welche lange?"

„Na, die ganze. Die Geschichte, die schon mit Anna beginnt."

Also holt Paul ein Buch und liest, was er zwar früher schon gewusst hat, bei ihm aber längst in Vergessenheit geraten ist. Und auf einmal erscheint ihm das Morgenritual in der Kapelle in ganz anderem Licht.

Für heute ist Anna mit sich zufrieden. In der Praxis ist wenig los gewesen und über die Feiertage bleibt sie ohnehin zu. Wenn keine dringenden Patientenbesuche dazwischenkommen, hat sie die nächsten Tage frei. Auch ihre Räumlichkeiten hat sie mittlerweile einigermaßen auf Vordermann gebracht. Alles wirkt ordentlich und steril, nur ein wenig leer. Schließlich duscht sie, zieht ihren flauschigen Bademantel über, brüht sich eine Tasse Tee und macht es sich auf ihrer Couch gemütlich.

Die Nachrichten auf ihrem Tablet sind allesamt hohl: oberflächliche Feiertagswünsche, Last-Minute-Angebote, übertriebene Marktschreierei. Sie hat keine Lust, sich damit ihre Stimmung zu verderben. Sie will nur eine Nachricht loswerden und ruft den Kontakt von Ernst auf. Ihm schickt sie ein Peace-Zeichen, dazu „Anna", sonst nichts – und auch das nur für den Fall, dass er ihren Kontakt aus Zorn von seinen Geräten gelöscht hat.

Nun ruft sie Magda an, die ihre Vorbereitungen für die Feiertage auch längst erledigt hat und bereitwillig ein wenig mit ihr tratscht. Erst jetzt erzählt diese ausführlich, wie sich Thorsten darum bemüht hat, ihr zu dem Posten im städtischen Tierpark zu verhelfen; wie es sich anfühlt, in einer Dienstwohnung zu wohnen und ihm, der nur ein paar Gassen weiter lebt, nahe zu sein. Und sie erzählt von ihren nunmehrigen Klienten, die längst nicht alle Vierbeiner sind, sondern kriechen, krabbeln oder sich sogar schlängeln, und dass es am Anfang schon eine anständige Portion Überwindung braucht, um sich auf diese und ihre Bedürfnisse einzulassen.

Auch Anna erzählt, wie es ihr mit ihm und seinem Umfeld geht. Wie sonderbar es sich anfühlt, dass die ihr nun anvertrauten Tiere nur versorgt, nicht aber gepflegt, behandelt oder eingeschläfert werden müssen; dass hier auch die gewohnte Distanz zu den Tieren, zu denen sie sonst keine Beziehung hat, fehlt und der alltägliche Umgang mit ihnen dann doch deutlich anders ist.

Als alles gesagt ist, legt Anna auf. Sie hat das Gefühl, etwas machen zu wollen, weiß aber nicht, was. Nun scrollt sie ihre Playlist durch, aber das langweilt sie. Alle Bücher im Regal hat sie bereits gelesen, die Karten oder ihre App zu befragen, getraut sie sich nicht.

„Hallo Mama."
„Schön, dass du anrufst. Wie geht es dir, Anna?", doch viel mehr als ein Schluchzen bringt sie als Antwort nicht heraus. Erst nach einer Weile schüttet sie ihr Herz aus und sinkt später zufrieden in einen erholsamen Schlaf.

Pauls innere Uhr sagt ihm, dass es Zeit ist, sich zu erheben. Er tätschelt den ihn begrüßenden Hund wie immer nach dem Aufstehen und kleidet sich im Dunkeln an. In der Ferne sieht er, wie sich ein Lichtkegel in seine Richtung bewegt. Reglos wartet er ab, was weiter geschieht. Als das Motorengeräusch durch die geschlossenen Fenster deutlicher hörbar wird, beginnt der Hund zu winseln und auch Paul zappelt freudig erregt, bevor er in Begleitung ins Freie tritt.

„Du hättest nicht so früh aufstehen müssen."
„Schon okay."
„Aber schön, dass du da bist."

Achtzehnter Akt

„Das heißt, du willst bleiben?"
„Ja, ich will mit dir hier deine Bäuerin sein."

In den letzten Tagen der Jagdzeit hat Paul noch zwei Stück Rotwild geschossen, die jetzt im Schlachtraum hängen und auf die Weiterverarbeitung warten. Paul hat zwar kein Kühlaggregat, doch in der kalten Jahreszeit geht es auch einige Zeit ohne. Nun sind die Feiertage vorbei und er kann das Wildfleisch portionieren und verkaufen. Die Fleischabschnitte behält er sich selbst zurück. Jetzt gilt es, das Hausschwein zu schlachten, damit er alle Zutaten für das weitere Vorhaben hat.
„Machst du die amtliche Lebendbeschau?", fragt er Anna mit etwas sarkastischem Unterton.
„Ich hab es die letzten Wochen und Tage oft genug gesehen, heute will ich nicht zu ihm hinein."
Das Wasser im großen Kessel wallt vor sich hin, die notwendige Gerätschaft liegt und steht bereit. Nun ist es an ihm, das futterzahme Tier aus seinem Stall zu locken, sich selbst zu überwinden, es zielsicher zu betäuben und die großen Gefäße zu öffnen. Nach dem bewusstlosen Niedersacken schlegelt das Tier noch ein wenig, bevor es sein Leben aushaucht und nur noch ein Schlachtkörper ist. Alles Weitere ist Routine: aufladen, enthaaren, ausnehmen, zerteilen. Anna hilft tatkräftig mit. Auch Theresa nimmt sich eine Klinge und versucht sich damit.
Tags darauf wird das Fleisch entbeint und portioniert: große Stücke zum Räuchern, alles andere wird klein geschnitten für die Wurst.
„Ich könnte das nicht", sucht Anna beiläufig das Gespräch.
„Was?"
„Ich würde es nicht übers Herz bringen: ein Tier großziehen, tagtäglich versorgen und dann eigenhändig zur Schlachtbank führen."
„Ich muss mich auch immer zusammenreißen und versuchen, alles von der natürlichen Seite her zu sehen. Ich ermögliche dem Tier für einen gewissen Zeitraum ein halbwegs angenehmes Leben. Es ist rundum versorgt, keiner Gefahr ausgesetzt, siecht weder an einer Krankheit dahin, noch muss es den Hungertod sterben oder von Raubtieren bei lebendigem Leibe zerfleischt werden. Dann, wenn seine Zeit gekommen ist, geht alles sehr schnell und möglichst stress- und schmerzfrei. Ich bin sicher, die

Tiere, die zu dir zum Einschläfern gebracht werden, haben keinen so einfachen Tod. Allein, wenn ich an die Spritze denke ..."
„Männer! Aber es bleibt dennoch ein Töten eines gesunden Lebewesens, während ich nur das Leiden der ohnehin bald Sterbenden beende."
„Wenn Leute wie ich keine Tiere halten würden, könnten diese nicht einmal sterben, weil sie davor gar nicht gelebt hätten. Ich denke, sein Leben zu leben ist besser als das nicht zu tun, nur um am Ende nicht sterben zu müssen."
„Du bist ja ein richtiger Philosoph", beendet Anna das Thema und widmet sich weiter dem Fleisch, aus dem sie Sehnen und Drüsen löst und das Fett separiert, damit Theresa es durch den Fleischwolf drehen kann. Paul schleppt die schweren Stücke zum Pökeln und Räuchern und vermengt Salz und Gewürze nach altem Familienrezept.
„Glaubst du an ein Leben nach dem Tod?"
„In gewisser Weise."
„Dass ein Teil von uns weiterlebt und wir vielleicht sogar wiedergeboren werden?"
„Was mit dem Körper passiert, ist klar. Der wird in irgendeiner Weise zersetzt und kommt über Umwege in den natürlichen Kreislauf zurück – egal ob es sich um Pflanzen oder Tiere handelt. Ohne diese Kreislaufwirtschaft würde eine nachhaltige Land- oder Forstwirtschaft ja nicht möglich sein. Ja, alle Lebensgemeinschaften funktionieren nach diesem Prinzip. Was einmal ein Baum, Reh oder Mensch war, kann über Umwege wieder ein Baum, Reh oder Mensch werden – vorübergehend zumindest, weil sich der Körper durch den Stoffwechsel ja auch immer wandelt."
„Und unsere Gefühle, Gedanken, die Seele?"
„Es ist eine schöne Vorstellung zu glauben, dass man nach dem Tod ohne den Körper noch irgendwo anders weiterlebt. Aber wahrscheinlich zerfällt auch das nicht Körperliche nach dem Sterben und bildet sich im Inneren neu entstehenden Lebens neu."
„Du glaubst an eine Art Seelenkompost?", gibt sich Anna verwundert.

„Als Biobauer muss ich das fast", versucht Paul die Ernsthaftigkeit des Themas ein wenig zu verdrängen, doch es gelingt ihm nicht ganz. Anna bleibt in Gedanken versunken und grübelt still weiter darüber nach. Unweigerlich muss sie an einen Rosenstock denken, der Nährstoffe aufnimmt, solange er wächst, blüht und Früchte ausbildet. Und dann kommt die Zeit, wo er welk wird und langsam verdorrt.

Mit der Spritze in der Hand muss Anna an Paul denken, der sich so sehr davor fürchtet, wie er generell eine Abneigung gegen medizinische Eingriffe zu haben scheint. Und überhaupt: Etwas zu reparieren ist gar nicht das Seine. Lieber reißt er etwas vollständig ab und macht es ganz neu.
Unter beständigem Zuspruch schnippt sie mit dem Finger auf eine Stelle am Fell eines altersschwachen Hamsters, den ihr ein Kunde gebracht hat. Er ist schon so apathisch, dass er den Stich ohnehin kaum noch spüren würde, doch auf diese Weise merkt auch ein gesundes Tier kaum, dass sie es sticht. Wenig später folgt eine zweite Dosis, dann ist es vorbei. Sie wickelt den leblosen Körper in Zellstoff und legt ihn in die Transportbox zurück. Danach soll er abgeholt und beerdigt werden.
Die Behandlung des nächsten Patienten ist anspruchsvoller: eine Katze, die es zu sterilisieren gilt. Doch heute kommt Anna auch das lebensfeindlich vor – Einbahnstraße, Endstation.
Für den Nachmittag stehen wieder ein paar Visiten bei Landwirten an. Bei einem macht sie eine Beratung, damit dieser unter ihrer Aufsicht seinem Vieh Heilmittel verabreichen darf. Bei zwei anderen geht es darum, dafür zu sorgen, dass die Kuh bald ein Kälbchen bekommt, das dann – wenn es Glück hat – bis zu seinem Lebensende nach zehn, zwölf Jahren ein für seine Art recht erfülltes Leben führen wird.
Der Umgang mit den Bauern ist diesmal sonderbar. Eine Zeitlang schon kommt ihr deren Verhalten verändert vor. Konnten sie es sich früher nicht verkneifen, sie plump anzubaggern, behandeln sie sie jetzt eher distanziert und mit Respekt.

„Bin ich schon so welk und verdorrt, auf dem Weg zu einer alternden Tierärztin, zur ‚Grande Dame' vom Ort?", denkt sie betrübt, als sie wieder allein in ihrem Wagen sitzt und in den Spiegel der Sonnenblende blickt. Doch was sie dort sieht, ist weniger welk als erwartet. Im Gegenteil, sie findet, ihr Blick ist klar und die Gesichtszüge sind frisch. Ihr Mund deutet ein Lächeln an, also lächelt sie jetzt auch innerlich.

Es ist sonderbar still draußen. Annas Kopf ruht auf Pauls Brust, dessen Atemzüge diese ganz sacht heben und senken. Wie auf den Wellen des Meeres kommt sie sich vor und ganz intensiv denkt sie an die Morgenstimmung in jenen Tagen zurück, die sie bewusst in sich aufgesogen hat: der feuchte Uferboden unter ihr, die aufgehende Sonne vor ihr, deren Strahl sich auf der Wasseroberfläche vor ihr spiegelt und direkt zu ihr hinzuleuchten scheint, dann das Rauschen der Brandung und der Wind, der sich im zarten Flaum auf ihrer Haut fängt und dort kräuselt. Sie kann die Elemente förmlich spüren, als sie daran denkt, und saugt eines nach dem anderen bei jedem Atemzug auf: Erde – Feuer – Wasser – Luft.
Allmählich beginnt sich der Boden unter ihr zu bewegen – Paul ist erwacht. Behutsam richtet sie sich auf, sodass ihr Haar seinen Oberkörper entlangstreicht bis zu seinem Gesicht, dann ertastet sie mit ihren Lippen seine Wange, die Nase, das Kinn. Er liegt reglos da, lässt alles mit sich geschehen, genießt. Je näher sie ihm dabei kommt, umso stärker spürt sie ihr eigenes Herz schlagen: nicht schneller, sondern einfach nur intensiver. Nach und nach erfasst dieser Rhythmus ihren gesamten Innenraum. Auf einmal fällt ihr wieder das Mantra ein, das ihr eine überaus liebenswerte Person samt einer Melodie einmal überreicht hat und dessen wahre Bedeutung sich ihr erst jetzt zu erschließen scheint.
Ihn behutsam mit ihren Lippen liebkosend, singt sie es sich und ihm innerlich immer und immer wieder vor: „Mache mein Herz weit / für die Unendlichkeit / mache mein Herz weit / für dich.

/ Lass die Liebe fließen / sich in mich ergießen / lass die Liebe fließen zu dir." Dabei fühlt es sich an, als ob sich ihr und sein Brustkorb völlig öffnen und sie miteinander immer weiter verschmelzen würden. Es ist eine Endlosschleife von Geben und Nehmen, etwa in der Art der Kreislaufwirtschaft, von der Paul immer spricht.
Anna fühlt sich jetzt wie in einem Schwebezustand. Sie ist Paul nun so nahe wie wohl kaum jemals jemandem zuvor.

Die dumpfe Stille, die aufgrund des starken Schneefalls vorherrscht, wird zunehmend durch die Unruhe im Stall unterbrochen. Wenn auch gedämpft, so ist die Unzufriedenheit seiner Bewohner doch deutlich zu vernehmen. Also erheben sich Anna und Paul, um das Vieh zu versorgen. Noch immer fallen dicke Flocken vom Himmel, daher hat es keinen Sinn, den Schnee wegzuschaufeln, der inzwischen fast bis auf Kniehöhe reicht und bei manchem Schritt von oben in die Stiefel fällt. Trotz der Dunkelheit und des bedeckten Himmels ist es eigenartig hell, alles schaut ganz verändert aus. Nachdem das Nötigste getan ist, verzichten die beiden auf das Frühstück und legen sich erneut in ihre Kammer, um es der ruhenden Erde gleichzutun.
Als Paul später erwacht, schneit es immer noch. Die tiefen Atemzüge neben ihm beruhigen ihn. Heute ist ohnehin nicht viel zu tun, also rührt er sich nicht. Erst nach einer Weile greift er zu dem Buch, das immer noch auf seinem Nachtkästchen liegt, schlägt willkürlich eine Seite auf, liest, schläft dabei wieder ein. Als er erneut die Augen aufschlägt, liegt Anna zu ihm gewandt an seiner Seite und beobachtet ihn, während ihre Hand langsam, aber stetig über seine Schulter streicht. Er legt das Buch zur Seite und schnuppert dabei gewohnheitsmäßig daran.
„Du magst den Duft?", fragt Anna, ohne eine Antwort darauf zu erwarten. „Ich hab gehofft, dass er zu dir passt. Worüber hast du gelesen?"
„Über die Kunst, einer besonderen Seele einen neuen Körper zu schenken."

„Glaubst du, dass so etwas möglich ist?"

„Warum hast du mir dieses Buch eigentlich geschenkt, über Schamanen? Normalerweise halte ich von so was nichts."

„Ist mir in die Hände gefallen. Irgendwie hab ich das Gefühl, in einer anderen Zeit, in einer anderen Welt hättest du ein Schamane sein können."

„Und du der Medizinmann."

„Frau, wenn dann Medizinfrau. Da möchte ich schon bitten", stellt Anna amüsiert klar und umarmt ihn jetzt ganz.

„Was glaubst du, wie Leben entsteht?", bohrt sie später nach.

„Technisch gesehen ist das ganz klar. Es braucht einen Samen, der später keimt – oder bei anderen Arten einen Körper- oder Pflanzenteil, damit sich daraus ein neues Lebewesen entwickeln kann."

„Und davon abgesehen?"

„Du meinst, woher der Keim weiß, wie und wozu er sich entwickeln kann? Keine Ahnung. Aber vielleicht gibt es ja eine plausible Erklärung, ein einfaches Naturgesetz, auf das man alles zurückführen kann."

Anna lässt es dabei bewenden, auch wenn sie mit dem Resultat des Gesprächs nicht ganz zufrieden ist. Irgendwie glaubt sie ganz fest daran, dass man die Naturgesetze überlisten und ganz bewusst selbst schöpferisch tätig sein kann.

Es schneit kaum noch. Anna kocht aus Hirschtalg eine Salbe und setzt Tinkturen an, da sie ohnehin dabei ist, hier eine Außenstelle ihrer Praxis einzurichten. Paul nutzt die Zeit, um alles für das Räuchern des gepökelten Fleisches vorzubereiten. Er macht Späne, spaltet spezielles harzfreies Erlenholz, entzündet das Feuer und deckt es mit Sägespänen so weit ab, dass es weiterglosen und Rauch freisetzen kann. Auf diese Weise wird er mehrere Tage lang fortfahren, bis das Fleisch fertig und damit haltbar gemacht ist.

Danach widmet er sich dem Schnee, schaufelt zuerst die Randflächen frei und startet dann seinen Traktor, um den Weg freizuräumen. Als er im Hausbereich fertig ist, räumt er auch seinen Teil der Zufahrtsstraße und arbeitet sich dann weiter einen Forstweg nach oben hin durch, kommt aber nicht weit, weil niedergebogene Bäume die Durchfahrt versperren. Deswegen dreht er um und lässt es für heute gut sein.

Tags darauf ist es sonnig und klar. Der örtliche Winterdienst hat die Straße freigeräumt, so kann Anna ins Tal fahren und sich dort ihren Aufgaben widmen, während Paul vorhat, seine eigenen Wege wieder befahrbar zu machen.

„Pass bitte auf! Du weißt, wie gefährlich das ist", ermahnt sie ihn, bevor sie fährt.

„Das ganze Leben ist lebensgefährlich", verspottet er sie. „Ich hab genug Erfahrung und alles im Griff."

Als Anna kurz vor dem Dunkelwerden wieder zu seinem Hof hochfährt, ist sie dort nicht allein. Ein Polizeiwagen steht vor dem Haus und auch ein Aufgebot von der Bergrettung. Die Scheinwerfer der Einsatzfahrzeuge sind allesamt an und die Leute beraten sich. Als sie hält und aussteigt, kommt ein Uniformierter auf sie zu: „Grüß dich, Frau Doktor. Es schaut leider nicht so gut aus."

Anna merkt, wie sich ihr Blickfeld verengt, die Knie weich werden und ihr übel wird.

„Ist dir nicht gut?", fragt der Polizist sie besorgt. „Du bist kreidebleich." Im selben Augenblick kommt von links und rechts je ein Sanitäter und sie fangen sie auf, doch nach wenigen Sekunden hat sie sich wieder im Griff und will wissen, worum genau es hier geht.

„Paul?", fragt sie verhalten, glaubt aber selbst nicht daran. Bei dem Draht, den sie zu ihm hat, hätte sie seine Hilferufe doch spüren müssen, seine Verzweiflung und Not bestimmt mitgekommen, intuitiv gewusst, dass etwas Schreckliches passiert sein muss. Sie will gar nicht daran denken, was das alles sein kann, will den Teufel nicht an die Wand malen, sondern bis zuletzt zuversichtlich sein.

„Ja, Paul hat uns eine Nachricht geschickt, dass er im Schnee ..."
Anna schüttelt ungläubig den Kopf, sie kann nicht glauben, was sie nicht glauben darf.
„Nein. Du verstehst nicht. Ihm geht es gut. Aber er hat im Schnee Spuren gefunden, die wahrscheinlich von der vermissten Person stammen. Aber es war schon zu spät, die Dunkelheit hat uns überrascht. Heute können wir in diesem unwegsamen Gelände nichts mehr machen, alles Weitere ergibt sich dann. Aus derzeitiger Sicht schaut es leider nicht gut für den vermissten Urlauber aus."
Anna weiß nicht, ob sie den Mann schlagen oder umarmen soll, weil er ihr so einen Schrecken eingejagt hat. Doch dann bittet sie die versammelte Mannschaft ins Haus und versorgt sie mit Tee. Wenig später winselt der Hund, denn schon von weitem ist der Traktor zu hören, der den Schnee unter Volllast talseitig über das Bankett wuchtet. Dann tritt Paul ein, Erleichterung stellt sich ein.
„Deine Chefin war schon so nett, uns etwas aufzuwarten. Und?", will der Polizist wissen.
„Ich denke, die Spur führt direkt auf die Wildfütterung zu. Wenn er einen Funken Verstand hat, wird er dort Schutz suchen. Morgen finden wir ihn", mutmaßt Paul.
„Na, Frau Chefin?", fragt er Anna später neckisch, als die Suchmannschaft nach der kleinen Stärkung bereits ins Tal aufgebrochen ist. Doch die verdreht nur genervt die Augen.
„Es tut mir leid, wenn du dir Sorgen gemacht hast. Der Polizei war es auch unangenehm, dir so einen Schrecken eingejagt zu haben."
Auch Anna ist es bald leid, ihm böse zu sein. „Du solltest mehr auf deine Chefin hören", sagt sie schließlich einlenkend. „Mach mir bitte nie wieder so eine Angst! Mir ist dadurch noch stärker bewusst geworden, dass ich dich nicht verlieren will, jetzt, wo ich dich endlich gefunden habe."
„Das heißt, du willst bleiben?"
„Ja, ich will mit dir hier deine Bäuerin sein."

Am nächsten Morgen schließt auch Paul sich der Suchmannschaft an, als Ortskundiger mit schwerem Gerät. Die Schispuren im Tiefschnee zeigen, was man schon vermutet hat: Die vermisste Person war bei der Fütterung eingestiegen und hat dort Zuflucht gesucht, dafür ist das Wild jetzt weg. Statt im Ruhegebiet überwintern zu können, wird es jetzt irgendwo in Forstkulturen stehen und in diesen zu Schaden gehen. Von der vermissten Person fehlt jede Spur. Doch ihre Identität ist bekannt und man wird sie später zur Rechenschaft ziehen.

Letzter Akt

„Als Bub hab ich öfters davon geträumt, mit einem
Mädchen hier heroben zu sein. Und jetzt bist du da."

Durch das geöffnete Fenster hört man Vogelgezwitscher, die Dunkelheit weicht gerade dem Tageslicht, das nun Tag für Tag früher erscheint. Während Anna und Paul wenig später Hand in Hand Richtung Stall gehen, überschlägt sich ein Buchfink, der auf einem Hügel am Misthaufen thront und dort seinen Frühlingsgefühlen Luft macht, fast vor Inbrunst bei seinem Gesang.

„Du bist recht früh dran", spricht Paul – halb zu sich, halb an Anna und den Sänger gerichtet. Wie zur Bekräftigung dessen bellt der Hund.

Nachdem beim Vieh alles getan ist, schlendern die zwei zu den Schafen, um dort wie jeden Tag nach dem Rechten zu sehen. Peaches kommt wie immer sofort als Erste zum Zaun, in der Hoffnung, dass es etwas Leckeres gibt. Elly scheint früh wieder aufgenommen zu haben. Kann sein, dass sie bald neuerlich einem Lamm das Leben schenken wird. Die Schutzzäunung für die Stämme der Obstbäume hält dem Druck der Schafe bisher Stand. Nicht mehr lang, dann werden sich ihre Knospen vergrößern und sie werden Blätter bekommen, auch wenn es beim Wetter Rückschläge geben und neuer Schnee fallen wird. Unterhalb vom Gartenzaun steht ein Weidenbäumchen, das schon Kätzchen geschoben und fast vollständig ausgebildet hat. Nun, in den wärmenden Strahlen der Morgensonne, finden sich sogar schon erste Insekten ein.

Später trennen sich die Wege der beiden. Anna fährt ins Tal, Paul bleibt auf seinem Hof allein zurück – vorerst. Wenn sie weg ist, will nämlich auch er hinunter ins Tal, um dort zu holen, was er vor einigen Wochen bestellt hat. Eine Überraschung für sie, die ihr hoffentlich Freude macht.

Als Anna am Abend heimkommt, ist Paul merkwürdig abwesend. Er scheint unruhig und abgelenkt zu sein, wie er da im Essen herumstochert und nur einsilbig auf ihre Fragen und Geschichten reagiert. Schließlich fasst er sich ein Herz und holt eine kleine Klappbox aus dem Hosensack. Mit einer Hand greift er nach den Fingern von Anna, während die andere zittrig das kleine Behältnis umschließt. In Gedanken geht er noch einmal die Rede durch, die er für sie vorbereitet hat.

„Liebe Anna!", beginnt er und konzentriert sich, damit er nicht den Faden verliert. „Schon als ich dich das erste Mal gesehen habe, war da etwas, das mich zu dir hingezogen hat. Ich habe damals aber nicht zu hoffen gewagt, dass wir zwei uns einmal tatsächlich näher kommen, als es der Anstand erlaubt. Und jetzt bist du bei mir und ich möchte, dass du für immer bleibst." Dabei klappt er die Box auf und dreht sie so, dass Anna deren Inhalt sehen kann.
Ihre Reaktion zeigt, dass sie darauf schon gehofft, in gewisser Weise damit gerechnet hat. Sie blickt ihn mit glänzenden Augen an, rückt näher, drückt und küsst ihn.
„Danke, Paul. Ja, ich will." Dann klappt sie die Box zu und blickt ihn abermals sehr ergriffen an. „Darf ich mir dazu etwas wünschen?"
„Was?"
„Ich möchte, dass wir uns die Ringe nicht hier und heute anstecken, sondern dass wir das vor Zeugen tun."
„Du meinst eine Art Trauung?", fragt Paul erstaunt zurück und vor seinem inneren Auge tümmeln sich Scharen von Fremden, mit denen er nichts zu tun haben will. Anna merkt, wie seine Hand kalt wird und er sich zurückzieht.
„Nein, kein großes Aufgebot", scheint sie seine Befürchtungen zu erraten. „Nur wir zwei vor Zeugen in festlichem Rahmen. Vertrau mir, das wird auch nach deinem Geschmack sein."

Auf dem Tisch vor der Statue steht eine Vase mit einem Strauß frischer Schneerosen, die jetzt an manchen feuchten Stellen häufig zu finden sind. Darauf liegt noch ein kleines Gesteck, das Anna aus Erika gebunden hat. Es riecht nach Weihrauch.
Theresa erhebt sich von der hölzernen Bank und liest etwas vor. Magdalena zupft an ihrer Gitarre und singt dazu ein Lied. Zwischendurch spricht Anna Gebete, die ihr sehr wichtig sind. Dann reichen sich Anna und Paul die Hände und stehen auf, damit sie sich direkt gegenüberstehen können.
Annas Kleid ist schlicht, ihr Haar trägt sie offen. Magdalena hat ihr geholfen, aus den schnell welkenden Schneerosen und

in Rottönen blühenden Erikazweigen, die sie von der Sonnseite geholt hat, eine Art Blumenkranz ins Haar zu flechten. Sie sieht elfenhaft aus.

Paul kommt frisch vom Friseur und hat seine neue Trachtenjacke an. Verstohlen blickt er zur Seite, wo Sabine und Thorsten sitzen, denen sichtbar Ergriffenheit ins Gesicht geschrieben steht.

Nun stellt sich Magda an Annas und Resa an Pauls Seite.

„Liebe Anna! Ich trage diesen Ring als Zeichen, dass wir zwei zusammengehören und ab jetzt miteinander verbunden sind."

„Lieber Paul! Ich trage diesen Ring als Zeichen, dass wir beide uns treu ergeben und fortan unzertrennlich sind."

Magdalena stimmt noch ein Lied an. Theresa liest noch etwas vor.

Im Anschluss setzt sich die kleine Gruppe in die Stube, isst, trinkt, unterhält sich angeregt. Als es spät wird, verabschieden die Gäste sich und die zwei sind allein.

„Wie fühlst du dich?"

„Das war wirklich nach meinem Geschmack. Danke."

„Nicht der Rede wert, aber schön, wenn es dir auch so gefallen hat."

„Danke, dass du da bist."

Der morgendliche Vogelgesang, der immer lauter durch das offene Fenster dringt, lässt auf den nahenden Frühling und grauenden Morgen schließen. Zufrieden liegt Anna neben Paul und starrt ganz verträumt die mit Holz vertäfelte Zimmerdecke an, die nur schemenhaft zu erkennen ist. Ihre Hand ruht in der seinen und es scheint ihr dabei, als ob ein unsichtbares Band die beiden zusammenhalte. Dann schließt sie abermals die Augen, um in ihr Inneres zu sehen. Sie geht den ganzen Körper durch, von den Zehen- bis zu den Haarspitzen, atmet bewusst, um sich nur auf sich selbst zu konzentrieren und nicht durch daherkommende Gedankenfetzen abgelenkt zu sein. Als sie sich ausgeglichen fühlt, ruft sie das Bild von sich auf, mit dem sie so ger-

ne spielt. Sie sieht sich als Rosenstock, der fest in der feuchten, nährstoffreichen Erde verwurzelt ist. Stark ranken die Zweige nach oben, sind dornenbewährt. Blüten bilden sich, manche erstrahlen in voller Pracht, andere welken und im Zentrum schimmert nun zum ersten Mal eine fleischig rotglänzende Frucht.
Nun versucht sie, auch Paul neben sich zu spüren, wie er im Boden verankert ist. Er wurzelt tiefer. Fast wie ein Speer reicht eine Pfahlwurzel bis ins Innere der Erde hinein. Und sie fühlt, wie innig seine Wurzeln, Triebe und Ranken inzwischen mit ihren verschlungen sind. Auch nach oben hin sieht es bei ihm ähnlich wie bei ihr aus: Knospen, Blüten und ein paar Hagebutten in unterschiedlichem Reifezustand. Nur ist sein Strauch nicht so zierlich wie ihrer, sondern gröber und wirkt durch Wind und Wetter zerzaust.
Allmählich verblasst das Bild wieder.
„Es wird langsam Zeit", raunt Paul gähnend in ihre Richtung.
„Ja, ich weiß. Es wird langsam Zeit."

Vor ein paar Tagen hat es nochmals geschneit. Dank der nun immer stärker werdenden Frühlingssonne ist der Schnee zumindest auf den nach Süden geneigten Steilflächen längst wieder weg. Alles ist braun in braun, kaum ein Grün sprießt schon irgendwo. Da die Schule ein paar Tage geschlossen hat, ist Theresa zu Besuch. Gestern hat Elly nun wirklich ihr Lamm bekommen, das diesmal sogar selbstständig säugt. Und weil es sehr träge und außerdem männlich ist, steht der Name schnell fest: Sid, wie die tollpatschige Figur in jenem Familienfilm.
„Ich geh mit Anna hinauf zur Wetterlärche. Willst du mit?", fragt Paul seine Kleine. Aber die schüttelt nur den Kopf und sucht für die gefräßige Schafsmutter ein paar Gänseblümchen, die sich im Schutz der Stallmauer gerade aus der noch wintermüden Erde schieben.
Heute ist Sonntag, die Praxis ist zu und auch bei Paul stehen keine dringenden Arbeiten an. Doch wenn es so schön ist wie heute, muss er trotzdem hinaus auf den ihm anvertrauten Fle-

cken Erde, um dort nach dem Rechten zu sehen. Und er will auch ihr sein Reich Stück für Stück zeigen und näherbringen.
„Die Wetterlärche ist ein Ort mit vielen Erinnerungen an die Zeit, als ich noch ein kleiner Bub war", offenbart er Anna, während die beiden den Hang hochsteigen. Der Pfad ist zu schmal, als dass beide nebeneinanderher gehen könnten, so schreitet er gemächlich voran.
„Eigentlich war es mir verboten, dorthin zu gehen. Du wirst sehen, das Gelände ist steil und schroff und direkt unter der Lärche bildet eine Doline ein fast senkrechtes Loch. Man sieht nicht, wie tief es wirklich ist. Hinabzuklettern hab ich mich nie getraut, denn für ein Kind ist dieser bodenlose Schlund auch von außen schon gruselig genug."
Je schroffer das Gelände wird, umso weniger Bäume wachsen hier noch. Deshalb bietet sich zwischendurch die Gelegenheit, ein paar Atemzüge lang zu verschnaufen und die Blicke über den Talgrund schweifen zu lassen. Über den beiden lassen sich zwei Kolkraben in der Thermik treiben, wahrscheinlich ist es ihr Hochzeitsflug. Wenig später taucht der Gipfel des dem Gebirgszug vorgelagerten kleinen Berges im Blickfeld auf, der fast rundum bewaldet, nur nach vorne hin felsig und kaum bewachsen ist. Am Fuße des eigentlichen Gipfels, der nur gut kirchturmhoch ist, steht der Baum, der das Ziel der kleinen Wanderung ist. Mit mächtigen Wurzeln ist er zum Hang hin verankert. Der Stamm ist bemoost und ragt etwa mannslang fast waagrecht über die Doline hinaus, die direkt darunter vor Jahrtausenden entstanden ist. Aus der richtigen Perspektive scheint es fast, als schwebe der Baum frei über dem großen Loch und strecke sich mit seinen ausladenden Ästen davon weg, um nicht den Halt zu verlieren.
„Atemberaubend schön", staunt Anna, als die beiden in etwas Respektabstand vor dem knorrigen Baum schließlich halten.
„Mit etwas Fantasie sieht der Baum fast wie eine Gestalt aus. Besonders, wenn hier der Nebel hängt, ist es richtig gespenstisch."
„Ich denke, du glaubst nicht an so was?", will Anna ihn prüfen.
„Als Kind glaubt man schon daran, dass es die Hüter der Berge und Wälder aus den Sagen und Märchen tatsächlich gibt."

„Und heute?"
„Heute fühle ich mich selbst ein wenig wie ein Hüter der Lebensräume und ich bin froh, dass es so unberührte Orte noch gibt."
„Darf ich?", deutet Anna in Richtung des Baumes, bevor sie ehrfurchtsvoll nähertritt, sich über den flachen Stammanlauf neigt und in den Schlund hinunterblickt. Paul folgt ihr nach und hält sie. Als sie sich sattgesehen hat, dreht sie sich um und merkt, wie gerührt Paul sichtlich ist.
„Alles gut?"
„Ja, alles gut. Besser als gut. Als Bub hab ich öfters davon geträumt, mit einem Mädchen hier heroben zu sein. Und jetzt bist du da."
„Bin ich die Erste?"
„Und Einzige!"
„Komm!", haucht Anna ihm zu und drückt ihn ganz innig an sich.
Nach einer Weile macht sich Paul los, hockt sich wie ein kleiner Junge auf den gebogenen Stamm und fängt ganz ungezwungen von Wünschen und Hoffnungen vergangener Tage zu erzählen an: wie er hier gesessen ist, sich weggeträumt hat und plötzlich in ganz anderen Welten war; wie er sich gewünscht hat, einmal ein guter Bauer, Vater und Gemahl der Frau seiner Träume zu sein.
„Du bist ein guter Bauer und Gemahl und ein ebenso guter Vater", macht Anna ihm Mut, streckt beide Hände nach seinen aus und holt ihn zu sich auf den Boden zurück.

Die ganze Woche lang ist Paul mit der Holzernte beschäftigt gewesen. Nun ist er froh, dass er ein wenig ausspannen und sich erholen kann. Nach der Arbeit im Stall und dem Frühstück zieht er sich noch einmal auf sein Lager zurück. Als er später in die Stube kommt, hält Anna ein Fachmagazin in der Hand und scheint ganz vertieft ins Lesen zu sein. Um sie nicht zu stören, stellt er sich nur still neben sie, gerade so, dass er ihre Schulter berührt. Als sie nach einer Weile zu ihm aufblickt, lädt er sie ein: „Drehen wir eine Runde? Es gibt noch viele schöne Plätze, die du nicht kennst."

„Nichts lieber als das." Dabei schlingt sie ihren Arm um Pauls Hüften und lehnt sich an ihn an. So verharrt sie eine Weile, rafft sich dann aber auf und die beiden ziehen sich für die Wanderung passend an. Seinen Lodenumhang rollt Paul wie einen Teppich ein und schultert ihn links, wie er das auch bei Jagdgängen immer macht. Die rechte Hand reicht er Anna, deren linke sich willig in die seine begibt.

„Ja, du darfst auch mit", versichert er dem winselnden Hund, der alles unternimmt, um nur nicht übersehen und zurückgelassen zu werden.

Ohne große Worte gehen die beiden den Waldsaum entlang, wo die wärmende Sonne hinscheint. Auch im schütteren Weidewald ist der Schnee fast überall weg und es ist angenehm warm. Wenig später lichtet sich der Wald weiter und es kommt ein baumloser Wiesenflecken zum Vorschein, der den Rindern im Sommer als Weide dient. Dort breitet Paul den Umhang am Boden aus und deutet Anna, sie möge sich setzen. Er tut es ihr gleich, dann legen die beiden sich hin und schauen den wenigen Schleierwolken beim Ziehen zu. Man hört, wie der Hund in Rufweite umherschnüffelt und seine Runden dreht.

„Als Kind war ich hier oft, wenn daheim die Luft zu dick war. Dieser Platz hat etwas, hier hab ich mich immer schon wohlgefühlt."

Die Sonne scheint schräg von der Seite, so dass sie nicht blendet und dennoch gut wärmt. Und selbst wenn der Blick nur nach oben gerichtet ist, sieht man aus den Augenwinkeln noch die grünen Wipfel der Fichten und der jetzt noch nadellosen Lärchen, die diesen Ort wie Säulen zur Seite hin begrenzen.

Paul rollt sich auf den Bauch und zieht den Stoff vor sich zur Seite, um den Boden darunter sehen zu können. Auf den ersten Blick ist alles braun oder grau: verdorrt, ausgebleicht, tot. Doch als er genauer hinsieht, eröffnet sich ihm eine ganze Welt. Zwischen den pergamentfarbenen Grashalmen liegt ein stecknadelkopfgroßer Fichtensamen, den sein Flugkörper hier hat landen lassen. Von links klettert eine winzige Spinne einen Halm entlang, hantelt sich weiter zum nächsten und hält. Von der anderen Seite kommt ein zweites Exemplar, richtet sich in Drohstellung auf, dann setzen beide ihren Weg in anderer Richtung fort. Eine Ameise krabbelt, schwerfällig kriecht ein kleiner Käfer unter dem spärlichen Blätterdach. Während Anna Pauls Blicken folgt, flattert tänzelnd ein etwas ausgefranstes Tagpfauenauge vorbei. Dann rollen sich die beiden wieder auf den Rücken, verschränken die eine Hand miteinander. Die nach außen gewandten Hände liegen auf der Erde – fast so, als wäre sie ein Hund, den man dann und wann unbewusst krault. Schließlich zieht Anna Pauls Hand zu sich und legt sie auf ihren Unterbauch, der sich durch die Atemzüge gleichmäßig hebt und wieder senkt.

„Was weiß dein Buch darüber, wie man einer Seele einen neuen Körper schenkt?"

„Du denkst über eine Mutterschaft nach?"

„Die Frucht meines Leibes. Ja, ich denke immer öfter daran."

„Ist schon erstaunlich, dass dabei ein fremder Mensch in einem Frauenkörper wohnt."

„Ja. Kaum zu glauben, dass das wirklich so funktioniert. Du denkst auch daran?"

„Natürlich. Darum geht es ja im Leben: selbst zu leben und Garant für den Fortbestand alles Lebendigen zu sein."

„Glaubst du, ein Kind hätte es gut bei uns?"

„Ganz objektiv gesehen: ja. Es geht uns ja gut wie noch keiner Generation vor uns und besser als dem Großteil der Menschheit auf dieser Welt. Selbst Kaiser und Könige vergangener Zeit haben von einem solchen Leben nur träumen können, wo alles immer im Überfluss vorhanden ist und man schon fast ein Jahrhundert lang lebt."

„Aber subjektiv: Was, wenn es ihm bei uns nicht gefällt?"

„Elternschaft ist kein Beliebtheitswettbewerb. Es geht darum, das Kind zu behüten und es auf das Leben und Überleben vorzubereiten. Was es dann daraus macht, ist sein eigenes Problem."

„Du glaubst, dass wir als Eltern nicht versagen würden?"

„Objektiv gesehen: nein. Alles Weitere kommt auf den Charakter des Kindes an."
„Versteh schon, ist sein eigenes Problem. Für sein Glück zu sorgen, das ist sein eigener Job. Aber was muss man dann tun, um einer Seele den Weg zu bereiten, die zu uns passt? Was sagt jetzt dein Buch?"
„Nichts."
„Aber du hast doch gesagt, dass du darüber gelesen hast."
„Ja. Da steht, man darf nichts tun. Sich nur reinigen und hingeben, sonst macht man alles kaputt."
Wieder liegen die beiden eine Weile fast regungslos da und beobachten das beinahe nahtlose Blau am Firmament, das nur an einigen Stellen ein wenig verschleiert ist.
„Weißt du, wie man sich reinigt?", fragt er sie schließlich.
„Ich denke schon. Ich denke, es geht darum, dass man rein in seinen Gedanken und nicht sorgenvoll, betrübt oder gar zornig ist." Also sammelt sich Anna und konzentriert sich ganz auf sich selbst. Nach einer Weile nimmt sie ihn mit auf ihre gedankliche Wanderung mit vielen Sinneseindrücken, die sie ihm im Detail beschreibt. Als sie merkt, dass er neben ihr allmählich ganz ruhig wird, beginnt sie mit dem Reinigungsritual, das sie für sich selbst entworfen hat. Sie benennt nacheinander Erde, Feuer, Wasser, Luft. Jedes dieser Elemente atmen die zwei nun gemeinsam durch sich hindurch. Dann ruft sie die Farben des Regenbogens herbei, beginnend mit den warmen Rottönen über Gelb, Grün und Blau, bis sie bei Violett angelangt ist.
„Spürst du etwas?", fragt sie nach einer Weile in die Stille hinein.
„Auf den Handflächen und entlang der Wirbelsäule kribbelt es."
„So soll es sein."
Als die Farben allmählich verblassen, will Paul noch etwas wissen.
„Und Hingabe? Kannst du das auch?"
„Denk einfach daran, wie du etwas hegst und pflegst, behütest und schützt. Das aktiviert dein Mitgefühl und öffnet dein Herz." Also denkt Paul an seine Wetterlärche, den Wald, den

Berg, den Hof. Theresa, ja, die will er behüten, und Anna, auch sie kommt ihm erneut in den Sinn. Und während er das Gefühl der Hingabe in sich aufsteigen spürt, hört er, wie Anna eine Art Wiegenlied zu summen beginnt. Doch innerlich singt sie ihr Lied von Nehmen und Geben Wort für Wort ganz fokussiert mit. Dabei kommt sie Paul näher und näher, bis sie mit ihm förmlich verschmilzt.

Als Anna ihr Ritual beendet hat, stellt sie sich vor, sie hülle sich und ihn noch mit einem dunklen Himmelblau in eine Schutzhülle ein, damit nichts Negatives von außen zu ihnen durchdringen kann. Dann kniet sie sich hin und zieht ihn aus der Waagrechten zu sich empor.

„Ist dir kalt?"

Paul schüttelt nur wortlos den Kopf.

„Glaubst du, hier sieht uns jemand zu?"

„Außer uns ist keine Menschenseele hier. Und was immer sonst uns jetzt sieht, das freut sich mit uns." Dabei neigt er sich ein wenig zur Seite und drückt seine Lippen ganz behutsam auf die ihren. Nun kniet auch er sich hin, damit sein Gesäß auf den Fersen ruhen und er sie auf seinen Schoß heben kann, während Anna erneut zu summen beginnt. Urplötzlich hält sie inne, weil ein warmer Luftzug ihre Stirn und Schläfen umspielt, so dass sie aus ihrer Versenkung aufschreckt und ihr ein kalter Schauer über den Rücken hinunterrinnt.

„Hast du das gespürt?"

„Ja, du zitterst regelrecht."

„Paul, ich glaube, wir zwei sind hier doch nicht mutterseelenallein."

Damit seine Kreislaufwirtschaft nicht ins Stocken kommt, lädt Paul mit dem Radlader Kuhmist auf einen Anhänger, den er dann zu einer Lagerstätte auf seinem Feld bringen wird. Überall wächst und sprießt es jetzt bereits, dass es eine Freude ist. Aus den Augenwinkeln nimmt er auf einmal eine Bewegung wahr. Tatsächlich, auf der Begrenzungsmauer hat sich eine Bachstelze

eingefunden und tänzelt dort schwanzwippend umher. Sie ist schon eine Zeitlang von ihrem Winterurlaub zurück und wird darauf warten, dass er den Motor abstellt, und sich dann mit den in der Wärme schwirrenden Mücken Kropf und Magen vollschlagen. Doch hinter ihm tut sich noch etwas. Anna kommt vom Haus her auf ihn zu. In ihren engen Jeans, den frisch gewaschenen Stiefeln und mit den Pantoffeln in der Hand schaut sie zum Anbeißen aus. Paul steigt ab, zieht seine stinkenden Handschuhe aus und geht ihr entgegen.
„Du musst weg?"
„Ein paar Visiten, ja."
„Pass gut auf auf dich!" Dabei neigt er seinen Kopf so weit vor, dass er sie mit seinem Arbeitsgewand nicht beschmutzt, und gibt ihr einen Abschiedskuss. Seine beiden Hände legt er wie zum Schutz auf ihren Unterbauch, doch sie schiebt diese zur Seite und drückt sich fest an ihn, damit sie ihn spüren kann.
„Ein bisschen Landluft schadet uns nicht."
Als sie später im Wagen sitzt und in niedrigem Gang talwärts fährt, erklingt aus dem Radio ein vertrautes Lied, bei dem sich Lou Gramm die Seele fast aus dem Leibe singt: „I'm gonna take a little time, a little time to look around me. I've got nowhere left to hide, it looks like love has finally found me ..." Statt lauthals mitzusingen, wie sie das früher so oft getan hat, entlockt ihr der Song heute nur ein mitfühlendes Lächeln: „Die Liebe wird dich niemals finden und es wird dir auch niemand zeigen, was Liebe ist. Weißt du denn gar nichts?" Dann schaltet Anna das Radio aus und stimmt ein Summen an, das weit mehr für sie ist als ein einfaches Wiegenlied.

Quellenverzeichnis der zitierten Lieder alphabetisch nach Interpret:

Chicago. „Hard to Say I'm Sorry". Von Peter Cetera und David Foster. Chicago 16. WEA, 1982

Cetera, Peter with Grant, Amy. „Next Time I Fall". Von Bobby Caldwell und Paul Gordon. Solitude / Solitaire. Warner Bros. / Full Moon, 1986

Cocker, Joe; Warnes, Jennifer. „Up Where We Belong". Von Buffy Sainte-Marie, Jack Nitzsche, Will Jennings. An Officer and a Gentleman. Island, 1982

Deutscher, Drafi alias Masquerade. „Guardian Angel". Von Christopher Evans-Ironside, Kurt Gebegern. Guardian Angel. Metronome, 1983

Frankie Goes to Hollywood. „The Power of Love". Von Peter Gill, Holly Johnson, Mark O'Toole. Welcome to the Pleasuredome. Island Records, 1984

Foreigner. „I Want to Know What Love is". Von Mick Jones. Agent Provocateur. Atlantic, 1984

Perry, Katy. „Roar". Von Katy Perry, Bonnie McKee, Cirkut, Max Martin, Lukasz Gottwald. Prism. Capitol, 2013

Pop, Icona featuring XCX, Charli. „I Love It". Von Charlotte Aitchison, Patrik Berger, Linus Eklöw. This is ... Ten, 2012

Rogers, Kenny; Parton, Dolly. „Islands in the Stream". Von Bee Gees. Eyes That See in the Dark. RCA Records, 1983

REO Speedwagon. „Can't Fight This Feeling". Von Kevin Cronin. Wheels Are Turnin'. Epic, 1984

Roxette. „It Must Have Been Love". Von Per Gessle. Pretty Woman Soundtrack. EMI, 1990

Streisand, Barbra. „Woman in Love". Von Bee Gees. Guilty. Columbia Records, 1980

„Glückliche Menschen
verändern sich selbst.
Unglückliche versuchen,
andere zu ändern."

N.N.

Stefan Maurer

wurde 1968 geboren und ist im ländlichen Umfeld aufgewachsen. Er hat sich schon früh für die Natur zu interessieren begonnen, später die Försterschule besucht, ein wenig studiert und gejobt. 1994 hat er als Redakteur bei einer Monatszeitschrift zu arbeiten angefangen. Wenig später hat er seine Partnerin kennengelernt und durch sie schrittweise in die Arbeit als Bergbauer hineingefunden. Dieser Beziehung entspringen vier Kinder, und der Bauernhof wird nach wie vor als Familienbetrieb geführt.

Ein wenig geschrieben hat Stefan Maurer immer schon gerne, doch erst jetzt den Schritt gewagt, sich an die Themen heranzutasten, die ihm persönlich am Herzen liegen. Dabei geht es um Wertschätzung, aber auch nachhaltige Nutzung der Natur. Und natürlich nimmt der Mensch in diesem Spiel eine zentrale Rolle ein, liegt es doch in seiner Macht, hier im Positiven wie Negativen gestalterisch tätig zu sein.

Stimmen zum Buch

„Es ist ein Innehalten und ein Erinnern an das wirklich Wichtige im Leben. In Verbindung mit der Natur zu leben und jeden Tag aufs Neue zu schätzen, in welchem Paradies wir leben und dafür dankbar zu sein." K.

„Eine Novelle, die bei mir sprachlich und inhaltlich eine phantasievolle Gedankenexplosion ausgelöst hat." A.

„Eine so schöne Liebesgeschichte habe ich schon lange nicht gelesen – emotional und berührend, aber nie kitschig." R.

„Man fühlt sich als Leser gleich eingebunden und berührt. Zumindest ist es mir so ergangen." H.

„Die Hauptpersonen werden im Laufe der Geschichte lebendig, so als würde man sie kennen. Man fühlt die Liebe und Erfüllung, mit denen Anna und vor allem Paul ihren Beruf ausüben." A.